名著导读

郭慧敏 李海霞 王永贵　主 编

九 州 出 版 社
JIUZHOUPRESS

图书在版编目（CIP）数据

名著导读 / 郭慧敏，李海霞，王永贵主编. --
北京：九州出版社，2016.10
ISBN 978-7-5108-4759-2

Ⅰ. ①名… Ⅱ. ①郭… ②李… ③王… Ⅲ.
①名著－介绍－世界 Ⅳ. ①Z835

中国版本图书馆CIP数据核字(2016)第240476号

名著导读

作　　者	郭慧敏　李海霞　王永贵　主编	
出版发行	九州出版社	
地　　址	北京市西城区阜外大街甲 35 号（100037）	
发行电话	(010)68992190/3/5/6	
网　　址	www.jiuzhoupress.com	
电子信箱	jiuzhou@jiuzhoupress.com	
印　　刷	三河市鑫鑫科达彩色印刷包装有限公司	
开　　本	787 毫米×1092 毫米　16 开	
印　　张	11.5	
字　　数	160 千字	
版　　次	2017 年 2 月第 1 版	
印　　次	2017 年 2 月第 1 次印刷	
书　　号	ISBN 978-7-5108-4759-2	
定　　价	32.80 元	

丛书编委会

主　编：郭慧敏　　李海霞　　王永贵

副主编：杨丽荣　　王云飞　　付光林

　　　　刘连栓　　张天宇

编　者：李丽清

前　言

　　《语文课程标准》强调，语文课程应致力于形成、发展和提高学生的语文素养。提高学生的语文素养离不开把语言文字包含的文化素养转化为学生的文化素养。然而，当前的阅读教学正潜伏着危机——人们对阅读，尤其是经典阅读的重视程度正在急剧下降，而国外的母语教育却非常重视经典的阅读。在当前的教育中，我们要正确认识和处理经典与创新的关系。国内外的经验均证明：不管学习何种语言，要全面提高学生的语文素养，都离不开经典阅读，任何一个国家和民族的学生都概莫能外。

　　经典与名著是人类文明的积累和文化思想的结晶，它凝结了人类的智慧，对人类历史产生过重大的影响。它经历了长时间的考验，并得到了众人的认可。概括地说，它是超时代、超种族、超文本的作品。

　　经典作品犹如一棵棵大树，繁盛的枝叶过滤着浮躁、平庸、虚无的沙尘，深茂的根系汲取着宏大、高尚、开阔的精神营养。青少年要认真阅读经典作品，这样可以提高思想、情感和道德素质，丰富文学艺术素养，让这些作品所展现的崇高境界，帮助抵抗丑恶与残暴，改造贫乏和平庸，远离虚无和轻浮，同时也获得对于古典美、现代美的认识与理解，从而更好地去提升自我、创造世界。可见，经典名著阅读对于我们青少年来说，何其重要！然而，仅凭教科书中的导读内容来引导学生爱经典、读经典，还是远远不够的。基于此，我们编写了这本《名著导读》，力求让青少年全方位、多角度地去阅读教育部推荐的文化经典和古今中外名著，提高青少年的文化品位和审美情趣。

目录

文化经典

一、《论语》

【作者简介】

孔子（公元前 552 年—公元前 479 年），名丘，字仲尼，春秋鲁国人。孔子出生于春秋末期鲁国陬邑，今属山东省曲阜市，是当时重要的大思想家、大教育家。孔子开创了私人讲学的风气，是儒家学派的创始人。

孔子曾受业于老子，带领部分弟子周游列国十四年，晚年修订六经，即《诗》《书》《礼》《乐》《易》《春秋》。相传他有弟子三千，其中有七十二贤人。孔子去世后，其弟子及其再传弟子把孔子及其弟子的言行语录和思想记录下来，整理编成儒家经典——《论语》。

孔子在古代被尊奉为"天纵之圣""天之木铎"，是当时社会上最博学的学者之一，被后世统治者尊为"孔圣人""至圣先师""大成至圣先师""万世师表"。其思想对中国和世界都有深远的影响，孔子被列为"世界十大文化名人"之首。

【内容梗概】

《论语》共二十篇，由孔子的弟子及再传弟子编写而成。它以语录体为主，叙事体为辅，记录了孔子及其弟子的言行，集中体现了孔子的政治主张、伦理思想、道德观念及教育原则等。其中，孔子与其弟子关于教与学的问答占了很大一部分，而这些最能反映孔子的哲学思想，如对于"仁""礼""乐""诗"及生死的种种看法。孔子与时人的问答也占有很大比例，主要是与执政者及隐士阶层的讨论与争执，如实地反映了当时的社会政治情况与孔子的社会地位，并且彰显了孔子以天命为己任的高尚人格。

【社会地位】

《论语》是儒家重要的经典之一，在儒家思想中的地位非同一般，被奉为"儒家《圣经》"。《论语》是中国历史上第一部语录体著作，集中体现了儒家思想，具有很高的价值。南宋大儒朱熹将《论语》《孟子》《大学》《中庸》合称为"四书"，而"四书"是科举取士的初级标准课本，因此《论语》也成为读书人必读之书。此外，通过历朝历代对《论语》的注疏研究，也可以看出《论语》在古代文人学士心目中占有重要地位。

《论语》在古代有三个版本，包括《古论语》《鲁论语》和《齐论语》。现在通行的《论语》共二十篇，是由《鲁论语》和《古论语》整理而成。 关于《论语》的注本非常多，据日本学者林泰辅《论语年谱》的不完全统计，到近代为止关于其文献著述就有三千多种。中文系统中权威的注本有：《论语注疏》（何晏注，邢昺疏）、《论语章句集注》（朱熹）、《论语正义》（刘宝楠）、《论语集释》（程树德）、《论语疏证》（杨树达）等，以及今注本中的《论语译注》（杨伯峻）、《论语新解》（钱穆）、《论语别裁》（南怀瑾）等。

【走进孔子世家】

据《史记·孔子世家》记载，孔子的祖先本是殷商后裔。周灭商后，周成王封商纣王的庶兄、商朝忠正的名臣微子启于宋并建都商丘（今河南商丘一带）。微子启死后，其弟微仲即位，微仲即为孔子的先祖。自孔子的六世祖孔父嘉之后，后代子孙开始以"孔"为氏，其曾祖父孔防叔为了逃避宋国内乱，从宋国逃到了鲁国。孔子的父亲叔梁纥（叔梁为字，纥为名）是鲁国出名的勇士，叔梁纥先娶施氏，生九女而无一子，其妾生一子孟皮，但有足疾。在当时的情况下，女子和残疾的儿子都不宜继嗣。叔梁纥晚年与年轻女子颜氏生下孔子。由于孔子刚出生时头顶的中间下凹，又因孔子的母亲曾去尼丘山祈祷，然后怀下孔子，故起名为丘，字仲尼。孔子三岁时，叔梁纥病逝，施氏和叔梁纥的家人不喜欢孔子母子，没有善待他们。颜氏唯有带着孔子离开，移居曲阜阙里，独自抚养孔子，过着清贫的生活。到了十七岁时，孔子的母亲也去世了。孔子十九岁成亲，娶宋国亓官氏的女儿为妻，次年生了唯一的儿子孔鲤。孔鲤比孔子早死，有遗腹子孔伋。

孔子极为聪明，二十岁的时候，他的知识就已经非常渊博，时人称其为"博学好礼"。同时，孔子也继承了父亲叔梁纥的英勇，身高九尺三寸（今1.9米以上），膂力过人，远非后世某些人认为的文弱书生的形象。并且，孔子酒量超凡，据说从来没有喝醉过。但孔子从不以武勇和酒量为豪。孔子青年时代曾做过"委吏"（管理仓库的小官）和"乘田"（管理牧场的小官），事无大小，均能做到近乎完美。由于孔子超凡的能力和学识，很快得到不断提拔。到孔子五十一岁的时候，被任命为中都宰（相当于现在的市长），政绩非常显著；一年后升任司空（相当于现在的建设部部长），后又升任大司寇（相当于今天的公检法司最高长官）；五十六岁时，又升任代理宰相，兼管外交事务（由于孔子升迁过快，不符合当时官员晋升标准，因此为代理宰相）。孔子执政仅三个月，鲁国内政外交等各个方面就均大有起色，国家实力大增，百姓安居乐业，恪守礼法，社会秩序非常好（史书上称"路不拾遗，夜不闭户"），奸佞之人和刁民纷纷出逃；同时，孔子还通过外交手段，逼迫齐国将在战争中侵略鲁国的大片领地还给了鲁国。孔子杰出的执政能力让齐国倍感威胁，于是设计送鲁哀公美女、良马，以使鲁国国君沉溺于酒色之中，以此挤走了道德至圣的孔子。孔子离开鲁国后开始周游列国，虽然大多数时候都受到了国君的礼遇，但由于其所坚持的政治理想与当时急功近利的"霸道"不相符合，一直不得重用。最后，孔子于公元前484年返回鲁国。由于种种原因，孔子在政治上没有过大的作为，但在治理鲁国的三个月中，足以见得孔子无愧于"杰出政治家"的称号。

政治上的不得意，使孔子将很大一部分精力用在教育事业上，孔子携弟子周游列国，最终返回鲁国，专心执教。他打破了教育垄断，开创了私学先驱。孔子弟子多达三千人，其中有七十二贤人，而且有很多弟子皆为各国高官栋梁。孔子曾修《诗》《书》，定《礼》《乐》，序《周易》，作《春秋》（有说法为《春秋》为无名氏所作，孔子修订）。

初事鲁国

鲁定公九年，51岁的孔子仕鲁，初为中都宰（中都为今山东汶上县），一年以后又做司空，之后为大司寇。鲁定公十年，鲁定公与齐景公会于夹谷，孔子"文功武备"，取得了外交上的胜利，使齐国归还了侵占鲁国的汶阳等地。鲁定公十三年，为重新确立鲁公室的权威，孔子策划实施了"堕三都"的政治军事行动，希望能够削减三桓的实力，于是先堕叔孙氏之郈邑，再堕季孙氏之费邑，然而在围攻孟孙氏的郕邑的时候却功败垂成。鲁定公十四年，孔子摄行相事，并以"五恶"的罪名，诛杀了少正卯。

在孔子的治理下，鲁国颇有起色，引起齐人警惧，齐大夫黎锄设计，向鲁赠送女乐文马，造成鲁定公不问朝政。这使得孔子与鲁公、季桓子等在道德与政见上的分歧越来越大，孔子最终去鲁适卫。

周游列国

离开鲁国以后，孔子率众弟子开始周游列国，辗转于卫、曹、宋、齐、郑、陈、蔡、楚等地，然而均未获重用。其间，在匡、宋、蒲等地，孔子一行多次被困遇险。

留卫期间

孔子到了卫国，在前往陈地时，途经匡城，颜回举策指着郭外缺口说："昔吾入此，由彼缺也。"因孔子身材高大，被匡人误以为是鲁国的阳虎，并遭到围捕。围捕中，子路夺戟准备交战，但被孔子阻止了。此过程中孔子曾与颜回失散，一度以为颜回已死。

之后，卫灵公为孔子提供了在鲁国时的相同待遇。但孔子居住一段时间后，遭人诬陷而离开。孔子在蒲城滞留几个月后返回卫国。在拜见卫灵公夫人南子时，孔子朝着北面，低头俯地，不正视；夫人南子亦于帷幕中再拜孔子。子路得知后，为此事甚感不满，于是孔子便对着子路向天发誓说："我如果不对的话，就让老天厌

弃我吧！"数月后，卫灵公与夫人南子同车，孔子为次，其余官员在后，招摇游市而过。孔子对此事引以为耻，颜刻问有何耻辱，孔子感叹："我从未见过像爱好美色那样爱好道德的人啊！"之后孔子便离开了卫国。

过宋之危

孔子到了宋国以后，在大树下和弟子习礼。宋司马桓魋欲杀孔子，将大树拔除。弟子打算尽速离去，孔子说："天生德于予，桓魋其如予何？"

相失于郑

孔子在郑国时，与弟子失散，独自站立在城郭东门。有人告知子贡，东门有人仪表像丧家之犬。之后弟子终把孔子寻回，子贡将此话告诉孔子，孔子欣然笑曰："形状，末也。而谓似丧家之狗，然哉！然哉！"

苛政猛于虎

《苛政猛于虎》一文，记载孔子和弟子路过泰山时，遇到一名身世凄惨的妇女的故事。妇女说，虽然当地虎患严重，可就是因为有苛刻的暴政，所以她和亲人宁愿一直住在这里，以至于后来亲人被老虎咬死，只剩下她一人对着坟墓哭泣。全文以叙事来说理，深刻揭露了封建暴政对人民的残害。后来从这个故事中引申出了"苛政猛于虎"的成语，意思就是反动统治者的暴政比吃人的老虎更加可怕。

受困陈蔡

吴伐陈、楚救陈之际，楚昭王派人聘请孔子，孔子随即出发。陈、蔡大夫惧怕孔子为楚国所用，便将孔子围困在陈、蔡野外，孔子等人不得行，绝粮七日，许多弟子病倒不起。弟子中多有不快者，孔子仍旧讲诵不绝。后来子贡至楚，楚昭王兴师迎接孔子。

晚年

颠沛流离十四年后，公元前484年，年近七十岁的孔子被季康子派人迎回鲁国尊为国老，但未受鲁哀公的任用。这段时间孔子专注于教育和古籍整理。鲁哀公十二年冬，孔鲤先孔子而死。鲁哀公十四年，颜回先他而去。孔子有所感慨："昔从我于陈、蔡者，皆不及门也。"鲁哀公十四年夏，齐国陈恒弑其君，孔子斋戒沐浴三日，向哀公恳请伐齐，哀公让他"告季孙"，孔子又向季孙请求出兵，结果遭到拒绝。公元前479年，孔子逝世，终年七十三岁，被葬于曲阜城北的泗水岸边。孔子死后，众弟子为其服丧三年，子贡为孔子守坟六年。

回首一生，孔子曾说："吾十有五而志于学，三十而立，四十而不惑，五十而知天命，六十而耳顺，七十而从心所欲，不逾矩。"

二、《孟子》

【作者简介】

孟子（约公元前 372 年—公元前 289 年），名轲，字子舆，战国时期邹国人，当时著名的思想家、政治家、教育家，孔子学说的继承者，儒家的重要代表人物，与孔子并称"孔孟"。相传孟子是鲁国贵族孟孙氏的后裔，其幼年丧父，家庭贫困，曾受业于子思的学生。孟子学成以后，以"士"的身份游说诸侯，企图推行自己的政治主张，他继承了孔子"仁"的思想，并将其发展为"仁政"思想，被后人尊称为"亚圣"。

【内容梗概】

《孟子》共七篇，每篇分为上下，约三万五千字，二百六十章，属语录体散文集，是孟子的言论汇编，由孟子及其弟子与再传弟子共同编写完成。但《汉书·艺文志》著录"孟子十一篇"，比现存的《孟子》多出四篇。赵岐在为《孟子》作注时，对十一篇进行了鉴别，认为七篇为真，七篇以外的四篇为伪篇。东汉以后，这几篇便相继失佚了。

《史记·孟子荀卿列传》记载他"受业子思之门人"，所以，荀子把子思和孟子列为一派，这就是后世所称儒家中的"思孟学派"。和孔子一样，孟子也曾带领学生游历魏、齐、宋、鲁、滕、薛等国，并一度担任过齐宣王的客卿。由于他的政治主张也与孔子的一样不被重用，所以便回到家乡聚徒讲学，与学生万章等人著书立说，"序《诗》《书》，述仲尼之意，作《孟子》七篇"。这就是今天我们所见到的《孟子》。

【社会地位】

《汉书·艺文志》把《孟子》放在诸子略中，视为子书，但实际上在汉代人的心目中已经把它看作辅助"经书"的"传书"了。汉文帝把《论语》《孝经》《孟子》《尔雅》各置博士，便叫"传记博士"。到五代后蜀时，后蜀主孟昶命令人楷书十一经刻石，其中包括了《孟子》，这可能是《孟子》列入"经书"的开始。后来宋太宗又翻刻了这十一经。到南宋孝宗时，朱熹编"四书"列入了《孟子》，正式把《孟子》提到了非常高的地位。元、明以后《孟子》又成为科举考试的内容，成为读书人的必读之书。

三、《弟子规》

【作者简介】

李毓秀（1647 年—1729 年），字子潜，号采三，山西省新绛县龙兴镇周庄村人，清初著名学者、教育家。李毓秀的人生经历平实，性情温和豁达。史料记载，在他年轻的时候，李毓秀师从同乡学者党冰壑，游学近二十年。科举不中后，就放弃了仕进之途，终身为秀才，致力于治学。精研《大学》《中庸》，创办敦复斋讲学。来听课的人很多，门外满是脚印。太平县御史王奂曾多次向他请教，十分佩服他的才学，被人尊称为李夫子。其平生只考中秀才，主要活动是教书。根据传统对童蒙的要求，也结合自己的教书实践，李毓秀写成了《训蒙文》，后来经过贾存仁修订，改名《弟子规》。他的著作还有《四书正伪》《四书字类释义》《学庸发明》《读大学偶记》等。

【内容梗概】

《弟子规》原名《训蒙文》，为清朝康熙年间秀才李毓秀所作，后来清朝贾存仁修订改编《训蒙文》，并改名为《弟子规》。《弟子规》内容浅显易懂，很快流传开来，且影响之大，读诵之广，仅次于《三字经》。《弟子规》全书共有三百六十句、一千○八十个字，三字一句，两句或四句连意，和仄押韵，朗朗上口。全篇先为"总叙"，然后分为"入则孝、出则悌、谨、信、泛爱众、亲仁、余力学文"七个部分。《弟子规》根据《论语》等经典编写而成，集孔孟等圣贤的道德教育之大成，提传统道德教育著作之纲领，是接受伦理道德教育、养成有德有才之人的最佳读物。《弟子规》采纳《论语·学而》篇中"弟子入则孝，出则悌，谨而信，泛爱众，而亲仁，行有余力，则以学文"的文意，加以引申扩展，以三字一句、两句一韵的形式进行论述，阐释了"弟子"在家、在外、待人接物、为人处世、求学等方面应具备的礼

仪与规范。它是一部成书于清朝并广为流传的儿童启蒙读物，目的就是要对孩子进行启蒙教育，为将来成长和发展奠定基础。

【社会地位】

《弟子规》以浅近通俗的文字、三字韵的形式阐述了学习的重要性、做人的道理以及待人接物的礼貌常识。《弟子规》也是学习中国文史知识的重要途径之一。其三字一句，易学易记，文中穿插了相关文史知识、成语典故，有助于青少年文学知识的积累。其浅显易懂的文字里蕴含着许多做人的道理，不仅对教育青少年，而且对成年人在生活、工作、家庭等方面也有着重要的意义。

古典小说

一、《三国演义》

【作者简介】

罗贯中（约 1330 年—约 1400 年），元末明初小说家，名本，字贯中，号湖海散人，汉族，山西并州太原府人。罗贯中早年曾参与反元的起义斗争，在明朝建立之后，专心致力于文学创作。罗贯中创作的主要小说有《三国志通俗演义》《隋唐两朝志传》《残唐五代史演义》《三遂平妖传》。其中《三国志通俗演义》（又称《三国演义》）是罗贯中的力作，这部长篇小说对后世文学创作影响极为深远。罗贯中有多方面的艺术才能，除小说创作外，尚存杂剧《赵太祖龙虎风云会》。

【内容梗概】

(一)汉室倾颓，讨伐董卓

东汉末年，宦官当权，民不聊生。灵帝中平元年，张角兄弟发动黄巾起义，官军闻风丧胆。为抵抗黄巾军，幽州太守刘焉出榜招兵。榜文前，刘备、关羽、张飞三兄弟萍水相逢。三人都有为国效力之心，于是在桃园结为异姓兄弟，投靠了刘焉。从军后刘、关、张显示出非凡的才能，一败黄巾于涿郡，二败黄巾于青州。不久，又救出被张角打败的董卓，但董卓见刘备是白身，并不答谢。张飞大怒，要斩董卓，被刘备劝住。刘关张与朱俊、孙坚进攻黄巾，大胜。朱俊、孙坚皆受封赏，只有刘备被冷落。很久之后，刘备才被封为定州中山府安喜县尉。到任四月，督邮来县巡视，借机索要贿赂，因刘备不从而欲存心陷害，张飞得知后怒鞭督邮，最后三人被迫弃去职位，投了刘恢。不久参加平定渔阳之战，刘备因立功被任平原令，开始拥

有一支人马。

中平六年，汉灵帝死，少帝刘辩继位，为外戚大将军何进所制。十常侍诱杀何进，袁绍等领兵诛杀宦官，西凉刺史董卓趁机进兵京师、驱逐袁绍、灭丁原收吕布、废少帝立献帝，专权朝野，并毒死刘辩。司徒王允借寿诞之引，召集满朝公卿商议，曹操自告奋勇前往行刺，为董卓发觉，危急中献上自王允处借来的七星宝刀而脱身。曹操逃至中牟县为当时县令陈宫所获。陈宫义释曹操，并弃官随之离去。途经曹操之亲戚吕伯奢家时，曹操因误会而杀害吕伯奢一家，并说出"宁教我负天下人，休教天下人负我"之语。陈宫愤怒，独自离开。曹操只身前往陈留，散尽家资招募兵马，亲友皆来相投，亦有了一支人马。曹操写信给袁绍，并会齐中原豪杰。曹操、袁术等十八路诸侯与吕布对峙于汜水关，董卓派出华雄斩去十八镇诸侯多位上将，关羽自告奋勇却因自身的地位而为众诸侯所叱，唯曹操赏识人才，斟热酒令出战。酒尚温，关羽已斩华雄而回。随后，吕布骑赤兔马亲出虎牢关，袁绍亦派八路诸侯迎敌。众诸侯难敌吕布之勇，危难时候张飞救下公孙瓒而与吕布交手。因吕布奇勇，关羽、刘备先后出战，三人合力杀败吕布，吕布败退虎牢关。八路诸侯乘胜出击，大获全胜，曹操暗中犒赏刘、关、张。董卓见吕布战败，盟军势大，烧洛阳，逼献帝迁都长安。盟军入洛阳，各起异心。孙坚在宫井中得到传国玉玺，率军返回江东，遇刘表阻拦，遂结怨。曹操与袁绍发生摩擦，去了扬州。盟军瓦解，接着军阀又开始火并，袁绍攻公孙瓒，被赵云所救。赵云本是袁绍部将，见袁绍无忠君救民之心，于是弃袁绍而投了公孙瓒，但不受重用。在江东，孙坚攻荆州，被刘表军士用乱箭射死。司徒王允在长安设下连环计，让董卓和吕布为争夺歌妓貂蝉而发生冲突，结果董卓被杀。之后，董卓部将反扑，杀害王允全家。

(二)群雄逐鹿，吕布覆灭

董卓死后，中原大乱。军阀混战之中，青州黄巾又起，曹操前往讨伐，编制青州兵，势力再次扩大。因曹操父曹嵩死于徐州，为报父仇，曹操借机征讨徐州，并下令屠城。徐州太守陶谦向北海孔融求救，孔融在平原找到刘备。刘备去公孙瓒处

借了兵马，前往徐州助阵。

另一方面，董卓旧将李傕、郭汜、樊稠、张济四人攻下长安，赶走吕布，逼死王允，再次挟天子。随后，马腾、韩遂联军勤王，马腾之子马超作战英勇，屡挫李郭军。但因为粮草供应困难，最终兵败退回凉州。在曹操报仇的同时，吕布、张邈采纳陈宫之言，袭了兖州，曹操被迫回战吕布。濮阳城中一战，曹操险些丧命。而刘备处，陶谦三让徐州，使曹操费力征讨不得的徐州为刘备唾手而得。长安处李傕、郭汜发生内讧，曹操入洛阳救驾，借机将献帝劫至许昌，开始"挟天子以令诸侯"，大权独揽。与此同时，江东孙策利用亡父孙坚留下的传国玉玺，向袁术借了兵马，逐渐平定江东六郡八十一州，奠立了日后三分天下有其一的吴国基业。袁术得到玉玺，即刻称帝。

吕布兵败投了刘备，却趁刘备征伐袁术之机夺了徐州。刘备暂居小沛。在袁术征讨刘备时，吕布辕门射戟救了刘备。不久刘备又为吕布所迫，投了曹操。曹操先后三次征伐张绣而未果，张绣自行投降。建安三年（公元198年），曹操讨伐吕布，苦战日久未果。而吕布却因内患陈登，且惑于妻妾之言，终为曹操所擒。白门楼上，刘备一语将吕布致死。曹操也怒斩高顺，泪别陈宫，义降张辽。吕布既定，曹操势力进一步扩大。

(三)内阁密诏，千里独行

朝廷上，曹操作威作福，许田打围之时对献帝无礼招致忠臣愤怒。皇帝密召国舅董承入宫，授以衣带诏，教诛曹操。西凉马腾与刘备最终亦参与此谋。刘备参与后为避曹操嫌疑，在园中种菜却被曹操叫去赏梅。曹操煮酒论英雄令刘备吃惊，以畏雷之说巧妙掩饰。不久刘备即借剿灭袁术之机脱身，袁术与刘备交战，死于军中。

皇宫内，衣带诏事发，董承等皆遇害。曹操派兵征讨刘备，刘备大败而与张飞失散，投了袁绍。关羽被困下邳，曹操爱其才，遣张辽说降，为保刘备家眷，关羽与曹操约法三章而降。在曹操处，关羽受到厚待，得了吕布所骑赤兔马。在刘备唆使下，袁绍起兵与曹操交战于白马，关羽斩颜良诛文丑，解了曹操白马之围。因得

知刘备在袁绍处，关羽离开许都，前往河北。临行时挂印封金，令曹操既憾又赞。关羽一路，千里走单骑，过五关斩六将，几经周折，最终与张飞、刘备聚于古城。因公孙瓒兵败自焚，赵云独自一人云游四海与刘备相遇，自此终身为刘备爱将，情义比桃园。

(四)官渡之战，大破袁绍

建安四年（公元199年），江东孙策为部下家客所害，身受重伤，更因受于吉之气而身亡。孙权坐领江东，承父兄基业，与曹操修好。袁绍得知后，起大军七十万伐曹操，曹操起七万兵相迎，战于官渡（此时为建安五年，公元200年）。曹操几经挫折却始终坚持。袁绍谋士许攸进言而不为所用，因而来投曹操，并献火烧乌巢之计。一夜大火，袁绍势力大衰。仓亭处曹操再破袁绍，最终袁绍吐血而亡。刘备趁火打劫，自汝南起兵攻曹，却为曹操打败，投了荆州刘表，驻守新野。大小数战，曹操终攻克冀州，然而郭嘉病故。临终时献密计，使曹操短期平定了辽东，统治了北方。

(五)三顾茅庐，荆襄之变

建安十二年（公元207年），荆州处，因刘表次子娘舅蔡瑁与刘备争权，而两番设计陷害刘备。刘备跃马檀溪，大难不死，行至襄阳境内水镜庄上，得水镜先生司马徽点拨，闻卧龙、凤雏之说。次日路遇毛遂自荐的徐庶，即刘备军中的第一位军师。曹军进犯，徐庶大败曹军，展露的大才为刘备大开眼界。曹操以徐庶之母为要挟让徐庶到许都，徐庶临行时，向刘备推荐了诸葛亮，即卧龙先生，并许下了终生不为曹操设计之誓。

自建安十二年（公元207年）秋至建安十三年（公元208年）春，刘备三顾茅庐，寻访诸葛亮。诸葛亮大为感动，在隆中为刘备分析了天下形势，道破天时、地利、人和之玄机，最终出山辅佐刘备，成为一代贤相。

博望坡、新野城两次火攻，诸葛亮大破曹军。刘表病逝，蔡瑁暗里拥立幼子刘

琼，并将荆襄九郡献了曹操。曹操八十三万大军追赶刘备，刘备被迫携民渡江，饱经挫折屈辱。赵云为救幼主刘禅，屡次单骑闯入曹操军营，闯下一世英明。同时张飞大喝长坂桥，又使曹营许多将士从此闻风丧胆。在关羽、诸葛亮与刘表长子刘琦的接引下，刘备入了江夏。

(六)赤壁之战，火烧曹兵

曹操书信至江东，威胁孙权投降，共擒刘备。孙权派鲁肃过江探虚实。诸葛亮借机入东吴，舌战群儒，智激周瑜，终于使得孙权决计破曹操。在柴桑，周瑜起五万兵，与曹操八十三万大军隔江对峙。水上交战，曹军失利，蒋干去东吴军营劝降周瑜，却中周瑜反间计，误盗周瑜伪造的书信而使曹操误杀蔡瑁、张允——曹营中仅有的两名深懂水战之将。在东吴军营，周瑜深恨诸葛亮之才不能为东吴所用，使诸葛瑾劝降诸葛亮未果，即起心害之，两番斗智，均为诸葛亮胜出。第二次的"草船借箭"，更是使周瑜自叹不如。周瑜与诸葛亮不谋而合，定下火攻之策。为火烧曹军战船，老将黄盖行苦肉计，惨被棒打；阚泽去曹营献诈降书，又遭到曹操恐吓。蒋干再次过江，周瑜安排江东隐居的凤雏先生庞统随之回曹营，巧授连环计，教曹操将战船全部连接。诸葛亮借机去七星坛祭风，实则逃离东吴，回到江夏，智算华容。三江口处，黄盖前往诈降。是夜东南风大起，曹操水寨一片火海，一夜之间，曹操八十三万大军所剩无几。曹军在逃命过程中又遭到赵云、张飞与关羽三次堵截。最终华容道关羽义释曹操，使得曹操逃至南郡。此时，败阵的曹操，对郭嘉怀念不已。

(七)三气周瑜，大战马超

周瑜乘势到南郡，与曹仁交战，中曹操之计而重伤。诸葛亮坐收渔翁之利，夺下南郡，不久又陆续攻占荆、襄诸郡。至此刘备终于有了自己的土地。周瑜又定下美人计，诱刘备过江，与孙权之妹孙尚香成亲，以此为饵扣押刘备。赵云受诸葛亮密技，一次次粉碎周瑜的计谋。次年刘备逃回荆州，周瑜追至，中诸葛亮之计，更

为荆州士兵取笑，箭创复发。周瑜回柴桑后定下假途灭虢之计取荆州，再次为诸葛亮识破，回柴桑后性命垂危，高叹"既生瑜，何生亮"而亡。诸葛亮又去吊孝，打破两方之间的尴尬，并为刘备寻得副军师庞统。

西凉马腾为曹操诱入长安而遭害，其子马超联合韩遂率军反出西凉，大破钟繇，攻陷长安，又于潼关大败曹洪、徐晃，迫使曹操亲自领兵前来讨伐。马超与曹操在潼关、渭南之地展开六次大战。一战连败曹营诸多猛将，杀得曹操割须弃袍，绕树逃命；二战让曹操夺船避箭，几次都几乎丧命，但在丁斐、曹洪、许褚的拼死相救下曹操最终死里逃生。之后曹操又听取了娄圭建议，泼水筑造冰城，渡过了渭水。马超于冰城前，与曹军第一猛将虎侯许褚连斗几百回合，逼其裸衣弃刀。最后贾诩为曹操定离间之计，离间西凉军内部，马超砍断韩遂之手，西凉军自相残杀，曹操乘机大举攻伐，最终大破马超。

(八)夺占西川，合肥会战

益州刘璋处，别驾张松密画西川图，本欲献曹操，却为曹操不喜而被逐出。张松回川时受刘备盛情款待，感动不已，终为刘备献上取西川之说。张松回川之后，刘璋又纳其谋，接刘备入川抵挡汉中张鲁。刘备入川后与刘璋反目成仇，交战之中，孙尚香被孙权派人骗回江东，而副军师庞统也死于落凤坡。

诸葛亮与张飞两路军入川，将荆州交于关羽，并嘱之"北拒曹操，东和孙权"。张飞从小路出发，义释老将严颜，一路顺利入川与刘备会合。诸葛亮到达后，定计擒获川中大将张任。此时西凉马超几经周折投于张鲁帐下，因唇亡齿寒之说，张鲁派马超、马岱解西川之围。葭萌关张飞两番大战马超未分胜败，诸葛亮定计，收降了马超。西川终为刘备攻占。

在江东，孙权令诸葛瑾入川讨荆州未果，鲁肃为孙权所迫，设鸿门宴邀关羽过江，欲逼还荆州。关羽单刀赴会，以其非凡的胆识，挫败了这一谋划。在许昌，曹操诛杀密谋害己的伏皇后等人，又平定了汉中。为报赤壁之仇，曹操两次起兵与孙权交战，合肥会战，双方互有胜败。最后孙权作书劝退曹操，曹操也知江东一时不

可得，两方罢兵。

建安二十一年（公元 216 年）曹操进位魏王，采纳贾诩之言，立长子曹丕为王世子。不久因故与奇人左慈相遇。左慈用奇门之术捉弄曹操，终使曹操患病。曹操招来平原管辂卜周易，管辂巧妙为曹操作了解答。五位汉臣欲图曹操亦未能成功，最终惨死。

(九)巧取汉中，痛失荆州

张飞起兵攻瓦口关，大战张郃，最终胜利。诸葛亮又智激黄忠，使其两番建立奇功。定军山一役，黄忠斩了曹操爱将夏侯渊。曹操起兵报仇，大军闻赵云之声而丧胆。进兵过程中曹操借故杀害了一向与自己有隙的杨修。诸葛亮几番设计，使曹操兵退斜谷，至此东川亦为刘备所得。刘备据两川之地，自立为汉中王。曹操与东吴密谋图荆州，关羽未遵诸葛亮"东和孙权"之说，以致东吴与曹操联合。于禁、庞德与关羽交战，关羽大战庞德，水淹七军，取得一生最后的业绩。因中曹仁暗箭，关羽右臂中毒，神医华佗赶到为关羽刮骨疗毒。然而正当关羽带伤与徐晃交战的同时，东吴陆逊巧妙利用关羽狂妄自大，定下了取荆州之计。吕蒙白衣渡江，袭了荆州。痛失荆州的关羽被迫败走麦城，终为吕蒙部下所害。在玉泉山，关羽灵魂显圣，为神僧普净点化而顿悟，飘然离去。不久吕蒙为关羽附体而亡（此时为建安二十四年，公元 219 年）。孙权将关羽首级献于曹操，曹操为关羽吓倒，自此便寝食不安。为建新宫，曹操持剑去砍洛阳城内一神树，树干喷出血来，曹操患重病，危在旦夕。找到神医华佗，却疑之有害己之意而将其拷打至死。建安二十五年（公元 220年），曹操病逝于洛阳。

(十)汉室末路，夷陵之战

曹丕当权后，折服了前来争王位的曹彰。之后曹丕又欲害曹植，逼其作诗，曹植七步成诗感动曹丕。在蜀军，刘备义子刘封因不曾发兵救关羽，借故为刘备处死。曹丕承父之业，威望日高，帐下文官逼迫献帝让出帝位，自此东汉灭亡，魏国建

立。蜀中刘备得此消息，于章武元年（公元221年）亦自称为帝，封诸葛亮为丞相。称帝后的刘备即刻下令起倾国之兵伐吴，为关羽报仇。张飞因思念关羽，酒后使性鞭士卒而为士卒所杀。

孙权无奈，作书降魏受了九锡。曹丕欲坐观其变，并未发兵。吴蜀交兵，孙权失利，折去许多大将，而西蜀黄忠也中箭身亡。吴将潘璋持关羽的青龙宝刀遇关公显圣，为关羽之子关兴所杀。刘备攻至猇亭时，仇人尽已诛却，而贪心不足，欲就此机灭吴。孙权启用儒将陆逊，并赐宝剑先斩后奏。因刘备不懂兵法，扎营之时犯兵家大忌，陆逊纵火烧连营七百里，蜀军大败，刘备逃命过程中为赵云所救。陆逊追刘备，误入诸葛亮所布石阵，为黄承彦所救，因而深服诸葛亮之才。曹丕趁火打劫，乘机征吴，陆逊早有防备。大将徐盛用火攻破了魏军。魏国名将张辽在此役中身亡。

蜀章武三年（公元223年），刘备病危，临终时托孤于诸葛亮，并嘱之不可重用马谡。刘备死后，诸葛亮立刘禅为帝，因感刘备知遇之恩，全力辅佐幼主。魏国曹丕得知，有伐蜀之意，司马懿献五路下西川之策，诸葛亮坐镇成都，安居平五路，又派邓芝出使东吴，与孙权修好。此后吴蜀再未交兵。

（十一）七擒孟获，六出祁山

蜀建兴三年（公元225年），南蛮王孟获造反，诸葛亮亲率五十万大军，采用马谡"心战为上，兵战为下"之策深入云南。擒孟获后，因其不服而释放，此后蜀军渡过泸水，多次与孟获交战，克服重重困难，直抵乌戈国，先后对孟获七擒七纵。最终孟获感恩，誓不再反，南方之乱平息。此时魏主曹丕已经病逝，曹睿继位，重用深有谋略的司马懿。诸葛亮用马谡之谋，设离间计使曹睿削了司马懿兵权。蜀建兴五年（公元227年），诸葛亮为继承刘备遗志，上《出师表》请求伐魏。魏驸马夏侯楙为主将出战，屡为蜀兵所败。年逾七旬的老将赵云更建奇功，力斩五将。后诸葛亮定计收取西三郡，又收降了魏将姜维，使之成为自己的爱徒。曹睿联合羌王彻里吉共同进兵，诸葛亮乘雪大破羌兵。魏将孟达欲同诸葛亮里应外合献城，此时司马懿复职，直抵新城。孟达事败，死于城下。与魏军交战，街亭成为关键。马谡自告奋勇立军令状，去守街亭，却因不能活用兵法，更兼盲目自大，痛失街亭。司马懿兵至西城，诸葛亮定空城计暂退魏军，随后大军撤回汉中，第一次伐魏宣告失败。为正军令，诸葛亮挥泪斩马谡。不久老将赵云病故。

此后，直至蜀建兴十一年（公元233年），诸葛亮又四次伐魏，然而国力衰微，君主无能，且后方用人不当，每一次都是以偌大的遗憾宣告失败。蜀建兴十二年（公元234年），诸葛亮六出祁山，初战即败，接着用奇计困司马懿于上方谷，欲火烧司马懿，不料天降大雨，其计不成。此后，诸葛亮越发病重，将后事嘱托完毕，病逝于五丈原。

诸葛亮死后，仍遗计用木雕吓退了司马懿，又使马岱斩了造反作乱的大将魏延。在此期间，东吴孙权也因老善终。

(十二)司马专政，九伐中原

魏曹睿后期，政治开始衰落。曹睿下令拆承露盘更是天人共怒。辽东公孙渊起兵造反，司马懿出兵剿灭。曹睿病危，将曹芳托付于司马懿而病逝。曹睿死后，司马懿诈病嫌曹爽，夺了曹爽的兵权。魏嘉平三年（公元251年）司马懿病逝，其子司马师、司马昭独揽朝政，魏国名存实亡，大权尽归司马氏之手。后高贵乡公曹髦在位，司马师病故。曹髦因对司马昭由惧到恨，驱车率众臣与司马昭决斗，反被司马昭杀死。

蜀将姜维继承诸葛亮遗志，出兵伐魏，与魏将邓艾对战。前后九次，交战中双方互有胜败，姜维亦曾将司马昭困于铁笼山，因山泉突涌而未能困死。然而最终姜维没有取得任何显著成果。朝廷里，诸葛亮死后，蜀主刘禅更加接近宦官，不理朝政，国势日趋衰危。此间吴帝孙权病逝，其后的孙亮、孙休为孙峻、孙綝所控制，吴宫内多次发生干戈。孙休竟险些丧命于孙亮之手，幸得老将丁奉相救。丁奉死后，东吴更加衰败。

(十三)偷渡阴平，三分归一

于蜀将姜维第九次伐中原期间，司马昭派钟会、邓艾分兵入蜀。钟会终夺取汉中，在定军山遇诸葛亮显圣，嘱其不可妄杀生灵。邓艾以生命作赌，偷渡阴平小路，最后成功，在那里发现了诸葛亮生前题字，由衷地赞叹诸葛亮之才，感慨因不能相遇而遗憾。诸葛亮之子诸葛瞻与孙诸葛尚死守绵竹，最终殉国。刘禅第五子刘谌自刎于先帝庙。刘禅投降，于炎兴元年（公元263年）蜀国灭亡。姜维知蜀国灭亡，假意投降钟会，两人合谋除掉了邓艾。然而举事之时，由于计谋泄露，钟会死于殿上，姜维亦自尽身亡。一番巧计，成为虚话。

蜀国灭亡之后，司马昭病逝，司马炎废曹奂而自称为帝，国号大晋。晋泰始元年（公元265年）魏国灭亡。

司马炎派羊祜征吴，而羊祜与陆抗两军对峙，却成了知音。羊祜病危时向司马炎荐杜预，陆抗死后，陆预率兵伐吴，最终吴主孙皓投降，三分天下，合归一统。

【主要人物】

刘备，字玄德，蜀汉的开国皇帝，相传是汉景帝之子中山靖王刘胜的后代。刘备少年丧父，与母亲贩鞋织草席为生。诸侯割据，刘备势力弱小，经常寄人篱下，先后投靠过公孙瓒、曹操、袁绍、刘表等人，几经波折，却仍无自己的地盘。赤壁之战之际，刘备联吴抗曹，取得胜利，从东吴处"借"到荆州，迅速发展起来，吞并益州，占领汉中，建立蜀汉政权。后关羽战死，荆州被孙权夺取，刘备于称帝后伐吴，在夷陵之战中被陆逊击败，病逝于白帝城，临终托孤于诸葛亮。本书中作者把刘备描写成"仁"的代表，汉室皇权正统的继承者，因而对刘备的仁爱、宽厚和知人善任的性格特征着力描画，极尽夸张，但在突出其"仁爱"时却又落入了"无能"一面，给人以"无能"和"虚伪"的感觉。

孙权，字仲谋，父孙坚，自称为春秋时大军事家孙武之后。其兄孙策遇害后，孙权承父兄之业，保有江东。曹操表权为讨虏将军，领会稽太守。孙权先后两次出兵镇抚了山越，稳定了江东六郡的局势。公元208年，孙权率大军亲征黄祖，夺得江陵，复与刘备联合，获得赤壁之战的胜利。公元 211 年，刘备为报关羽之仇，亲率大军伐吴。孙权一方面以陆逊为大都督迎战，一面向魏文帝曹丕称臣，被曹丕拜为吴王，次年三月大破蜀军。公元 252 年孙权病逝。作者罗贯中通过一系列生动的事例，给读者塑造出一位外表独特、胆识过人、治国有法、治军有方的政治家和军事家的形象。

曹操，字孟德，小名阿瞒，黄巾军起义爆发时，任骑都尉，参加剿除黄巾军。从建安二年到十六年（公元 197 年—211 年），曹操先后用兵打败吕布、袁术、袁绍等豪强，统一了北方，曾在赤壁被周瑜、诸葛亮用火攻战败。建安二十一年，受封为魏王，四年后，病死于洛阳。作者笔下的曹操是一个既凶残奸诈又有雄才大略的政治野心家和军事家的艺术典型，但小说在揭露和批判他恶行的同时，又充分表现了他作为一个奸雄的才智与胆略，他具有超越于董卓、袁绍等人之上的政治远见和政治气度。他深通兵法、善于用兵、施谋用策、以弱胜强，先后消灭了除刘备、孙权以外的大小军阀。

【文学成就】

《三国演义》采用浅近的文言，明快流畅，雅俗共赏；笔法富于变化，对比映衬，旁见侧出，波澜曲折，摇曳多姿。又以宏伟的结构，把百年左右头绪纷繁、错综复杂的事件和众多的人物组织得完整严密，叙述得有条不紊、前后呼应，彼此关联，环环紧扣，层层推进。

《三国演义》的艺术成就主要体现在军事政治描写和人物塑造上。小说最擅长描写战争，并能写出每次战争的特点。书中重点描写在具体条件下不同战略战术的运用，指导作战的主观能动性的发挥，而不把主要笔墨花在单纯的实力和武艺较量上。如官渡之战、赤壁之战、彝陵之战等，每次战争的写法都随战争特点发生变化，在写战争的同时，兼写其他活动，以作为战争的前奏、余波，或者战争的辅助手段，使紧张激烈、惊心动魄的战争表现得有张有弛，疾缓相间。如在赤壁之战前描写孙、刘两家的合作，诸葛亮、周瑜之间的矛盾，曹操的试探，孙、刘联军诱敌深

入的准备等。在人物塑造上，小说特别注意把人物放在现实斗争的尖锐矛盾中，通过各自的言行或周围环境，表现其思想性格。如曹操的奸诈，一举一动都似隐伏着阴谋诡计；张飞心直口快，无处不带有天真、莽撞的色彩；诸葛亮神机妙算，临事总可以得心应手，从容不迫。书中著名的关羽"温酒斩华雄""过五关斩六将"，张飞"威震长坂桥"，赵云"单骑救幼主"，诸葛亮"七擒孟获""空城计吓退司马懿"等更是流传极广的篇章。

【社会影响】

《三国演义》以七十五万字的规模，用一种比较成熟的演义体小说语言，塑造了四百多个人物形象，描写了近百年的历史进程，创造了一种新型的小说体裁，这不仅使当时的读者"争相誊录，以便观览"，而且也刺激了文士和书商们继续编写和出版同类小说的热情。自嘉靖以后，各种历史演义如雨后春笋，不断问世，从开天辟地，一直写到当代。据不完全统计，今存明、清两代的历史演义类图书约有一二百种之多。

《三国演义》名播四海，也受到了外国读者的欢迎。早在明代隆庆三年 (1569) 就已传至朝鲜，崇祯八年 (1635) 有一种明刊《三国志传》现藏于英国牛津大学。自日僧湖南文山于康熙二十八年 (1689) 编译出版日文本《通俗三国志》之后，朝鲜、日本、印度尼西亚、越南、泰国、英国、法国、俄国等许多国家都有了本国文字的译本，并发表了不少研究论文和专著，都对《三国演义》这部小说做出了有价值的探讨和极高的评价。

二、《水浒传》

【作者简介】

施耐庵（1296 年—1370 年），原名施彦端，字肇端，号子安，别号耐庵。他是著名的元末明初文学家，是罗贯中的老师，生于苏州阊门外施家巷，也曾入仕钱塘，因与当时苏州的抗元起义领导人有不合，后为避乱迁居兴化一带。施耐庵博古通今，才华横溢，群经诸子、辞章诗歌、天文、地理、医卜、星象等，一切技术无不精通，35 岁曾中进士，后弃官归里，闭门著述，与拜他为师的罗贯中一起研究《三国演义》《三遂平妖传》的创作，搜集整理关于梁山泊宋江等英雄人物的故事，为撰写《江湖豪客传》准备素材。至正二十七年（1367 年），朱元璋灭张士诚后，到处侦查张士诚的部属。为避免麻烦，施耐庵征求兴化好友顾逖的意见，在白驹修了房屋，从此隐居，专心于《江湖豪客传》的创作。《江湖豪客传》成书后，定名为《水浒传》。《水浒传》既是"四大名著"之一，又是"四大奇书"之一。

【内容梗概】

高俅发迹史

宋哲宗在位时，开封府破落户子弟高二踢得一脚好球，后当大官改为"高俅"。因与一位员外的儿子胡混，被告后逐出京城。柳世权给在京城的亲戚董将士写信，叫他收留高俅，后柳世权又把他推荐给小王太尉。在小王太尉府中，高俅认识了太宗的小舅子、宋哲宗的弟弟端王。一次受太尉差遣送玉龙笔架到端王府中，高俅凭借踢球时动作娴熟、姿态优美，被留在端王宫中整日与端王踢球玩乐。不久，宋哲宗驾崩，端王继皇位，就是宋徽宗。之后高俅被迅速提升为殿帅府太尉。

延安府遇难

八十万禁军教头王进因病没有参加参拜高太尉，被高俅痛骂一顿。因高俅发迹前是开封城的泼皮无赖，被王进父亲痛打过。所以高俅有意杀死王进，王进只好任由高俅责骂，忍气吞声回到家中，便对母亲细细叙说事情，说完母子两人抱头大哭，王母提出走为上策，于是母子决定投奔延安府老种经略相公处。

王进收史进为徒

一个多月后，母子在史太公家留宿。王进看到一个小伙子刺着一身青龙在举木练武，他就是史进，人称九纹龙。因王进评史进棒法不熟练，史进要求和王进比试比试，被王进摔了一个仰面朝天。史进从地上爬了起来，跪下拜王进为师傅。半年后，史进十八般武艺样样精通，在当地很有名气。

拳打镇关西

在渭州城，史进遇到鲁提辖和李忠。三人来到渭州城潘家酒楼，谈得正高兴，忽然听到隔壁有人啼哭，鲁达嫌烦，喊来酒保了解原因。鲁达知道这对卖唱的父女是饱受有钱有势的郑屠户逼迫。鲁达送盘缠让金氏父女回家后，来到状元桥下郑家肉铺，让郑屠户亲自切碎了十斤瘦肉和十斤肥肉，还要再切十斤寸金软骨时，郑屠户表现出不耐烦，遭鲁达那两包肉末子劈面扔去。郑屠户大怒，持刀向鲁达扑去。鲁达一拳打在郑屠户的鼻子上，顿时鲜血直流，鼻子歪在半边，鲁达又挥起拳头，照着郑屠户的眼眶眉梢又是一拳。最后郑屠户被鲁达三拳活活地打死了。

醉闹五台山

鲁达打死了镇关西逃离渭城后，来到代州雁门县，恰好遇见金老汉，经金老汉的女婿赵员外引荐到五台山做和尚。鲁智深做了文殊院的和尚后，受不了寺里清规戒律，渐渐懒散起来。初冬的一天，鲁智深抢了一位汉子的酒，喝酒后，被寺监带了二三十个人拦住教训一顿。鲁智深拳打脚踢，把众人打得东倒西歪，四处逃散。

另一日，鲁智深走下山，来到杏花林中的一家酒店，又喝酒又吃肉，在回五台山的半山亭上，酒劲上来，一膀子撞在亭子柱上，把亭子撞塌了。守门和尚见状不敢给他开门，鲁智深愤怒地拔起一根木头朝大门两边的金刚塑像打去，推翻供桌，到处乱打一气，直打到法堂下。长老不能容忍鲁智深的无礼，推荐他到东京大相国寺投靠智清大师。

夜闹桃花寨

鲁智深离开五台山后，来到桃花庄，遇到桃花山的大王要强娶刘太公的女儿为压寨夫人。鲁智深好打抱不平，自己躲在新房里等待二大王周通的到来。山上大头领亲自来与鲁智深对决，正所谓"不打不相识"，原来他是九纹龙史进的第一个师父李忠。两人相互交谈后，鲁智深劝周通别强娶刘太公的女儿，周通折箭为誓，表示决不强娶。

林冲蒙难

鲁智深来到大相国寺，被智清禅师安排去管理菜园。菜园附近有一群无赖，想戏弄鲁智深，没想到反被鲁智深踢入粪坑。此后这些无赖对智深心服口服，经常买来酒肉请智深吃。一日，林冲陪妻子来到隔壁岳庙烧香时，碰见智深正在舞弄刀枪，两人遂结为兄弟。不料此时，林冲的娘子在庙中被高衙内调戏。高衙内想要霸占林冲的妻子，于是设下一条计谋告于高俅。林冲不知是计，拿着刀走进太尉府，高太尉以违反军规之名把他五花大绑。

逼上梁山泊

林冲被开封府尹刺配沧州城，派公差董超、薛霸押送。两位公差收了高俅的亲信陆虞候的钱财，准备在途中杀害林冲。走到野猪林时，两人正要举水火棍朝林冲打去时，鲁智深凌空而来，解救了林冲。鲁智深护送林冲一程，巧遇"小旋风"柴进，经他书信相荐，派了个看守天王堂的清闲差事。这时陆谦紧追不放，再次用钱财收

买牢管的管营和差拨。他们让林冲看管草料场，想趁机放火烧了草料场，置林冲于死地。等林冲买酒肉回来，发现草料场已被管营和差拨、陆谦点火，就一刀刺死了他们。州尹震惊，出千贯捉拿林冲。林冲怕连累柴进，遂投奔梁山泊。

杨志卖宝刀

林冲投奔梁山泊后，王伦要他在三日之内做一次抢劫，方可留在山寨入伙。第二天，林冲抢了杨志一担财物。王伦极力邀请杨志落草梁山泊，遭到杨志的拒绝。杨志来到京城，四处托人说情，最后遭到高俅的回绝，盘缠已用完，只好卖祖传的宝刀。京城无赖牛二前来撒泼，被杨志一刀结果了性命。此时梁中书将杨志留在身边使用，并有心抬举他。经过和副牌军周谨的比试枪法和箭术，杨志均获胜，最后杨志接替了周谨的职位。

智取生辰纲

梁中书搜刮了十万贯金银珠宝，嘱咐杨志挑选军士打扮成挑夫的模样，把金银财宝伪装成货物送给蔡太师做寿。此时，正值农历五月中旬，太阳毒辣。杨志一行十五人刚上冈，在松树林下休息。松林里停着卖枣的商贩，又走来了一个酒贩，其实这些都是晁盖一伙人装扮的。他们知道军士们口干舌燥，在他们面前大声吆喝，痛饮好酒，引得杨志一伙上当。而此时吴用趁机在瓢中洒了蒙汗药，杨志一伙喝下去后，身体瘫软在地上，眼睁睁地看着卖枣的把金银财宝推下冈去。杨志由于喝得较少，醒得快，选择了一走了之。老都管为了保命，把责任全推给了杨志。

梁山义士尊晁盖

知府接到报案后，派何涛赶到郓城县衙门，准备抓捕晁盖。宋江派人到东溪村给晁盖报信，后被官兵追赶至石碣村，找到阮氏三兄弟。何涛一行人慢慢接近石碣村，走了五六里水路，在河里被阮氏三兄弟打得落花流水。晁盖一行人经朱贵引荐给王伦，没想到王伦心胸狭窄，不肯收留他们，林冲和吴用用计将王伦杀死。梁山义士力推晁盖为山寨大王，从此梁山泊便一天一天地兴旺起来。

怒杀阎婆惜

郓城县押司宋江得到晁盖的消息后，深为他们的安全担忧。一天，赤发鬼刘唐奉晁盖和吴用之命，下山感谢宋江救命之恩。宋江把晁盖写的信和一根金条放在自己的招文袋内，经阎婆惜之母的死磨硬缠，来到阎婆惜的住处。阎婆惜趁宋江喝醉酒藏了金条和晁盖写给宋江的信，宋江发现后大惊，央求阎婆惜把东西还给他，没想到阎婆惜却要一手交钱一手交货，宋江一怒之下，杀死阎婆惜。宋江杀人之后，投靠柴进，遇见了武松，两人互叙情怀。

景阳冈武松打虎

武松来到景阳冈，突然跳出一只老虎。武松抓起梢棒，老虎先是一扑，武松闪过；老虎又把腰胯一掀，武松又躲过；老虎把尾巴倒竖起来一剪，武松又闪过。武松抢起梢棒，用尽全力一劈，可是梢棒劈在树枝上，断了。武松只得空手按住虎头，用脚猛踢，用拳猛打，终于打死了老虎。

狮子楼锄奸

武松在阳谷县做了县都头后，与哥哥武大相遇。武大的老婆潘金莲见武大软弱无能，趁武松出差时与西门庆勾搭成奸。事发后被武大知道，潘金莲与西门庆怕事情被揭露，用砒霜毒死了武大。武松回来，发现大哥已死，感觉事情有蹊跷。通过调查何九叔、郓哥后，得知真相。武松在大哥断七之日，把王婆、姚二郎、胡正卿、赵四郎及张公等一些知情人请到家里，当面取了证词并杀了潘金莲，之后就来到酒楼寻找西门庆。武松将潘金莲的人头往西门庆脸上一扔，西门庆吓了一跳，想跳窗逃走。武松跨步上前，与西门庆打斗起来。西门庆终不是武松的对手，只几个回合，就被武松摔到酒楼下，跌得发昏。武松跳下楼，手起刀落，取了西门庆的人头。

血溅鸳鸯楼

武松替哥哥报仇后，被判至孟州牢营押。在牢中受了施恩的恩惠，帮施恩教训

了霸占了他酒店的蒋门神。蒋门神和张都监设计陷害武松，把他打了二十杖后，再刺配沧州。在路上，武松杀了两个受蒋门神和张都监指使的公人，赶到鸳鸯楼，取了蒋门神和张都监的性命，并上墙上写下："杀人者，打虎武松也。"武松在路上遇上了张青和孙二娘，为了躲避官兵的搜捕，他装扮成行者的模样直奔二龙山。

花荣救宋江

宋江来到清风山下，被锦毛虎燕顺、矮脚虎王英、白面郎君郑天寿的手下误捆，之后三人放了宋江，设酒宴款待宋江，宋江在山寨住了下来。元宵节看灯时，宋江被清风寨南边寨主的文官刘高抓去，打得皮开肉绽，鲜血淋淋。清风寨北边寨主花荣是宋江的好朋友，人称"小李广"，得知此事后救了宋江。刘高又派了人把宋江捉回，并与知府互相勾结，安排宴席布下埋伏，捆绑花荣，连夜送往青州府。半路上燕顺、王英、郑天寿三人擒住了刘高，剜出他的心肝，替宋江解了心头之恨。

宋江智得秦明

慕容知府得知清风寨告急，派霹雳火秦明前去围剿。秦明与花荣交手，斗了四五十回，不分胜败，花荣便卖了个破绽，拨转马头朝山下小路回去。后来，秦明好胜心强，连人带马掉进陷坑，被押往清风寨。宋江等人好心劝秦明留在此地，但秦明不答应。他们就趁秦明酒醉时让人穿着秦明的衣服和盔甲，骑上他的马，拿着他的狼牙棒，杀进青州城，引起慕容知府对秦明的猜疑和仇恨，断了秦明回青州的后路。秦明酒醒后，发现事情已无法挽回，只好作罢。后来，宋江还为秦明做媒，把花荣的妹妹嫁给了秦明。

李逵斗张顺

一天，宋江和李逵在饮酒，忽然想吃辣鱼汤醒酒。李逵喝叫渔户送两尾鲜鱼，渔户不敢擅自开舱，李逵不耐烦，跳上来亲自拨打竹篱笆，把鱼都放跑了。渔行主人浪里白条张顺与李逵理论不得，只后扭打起来。张顺用激将法引李逵上船，并把他拉下河。李逵不识水性被张顺制服。后宋江赶来，张顺才把李逵捞上了岸。

【文学成就】

《水浒传》的文学成就，最突出地显示在英雄人物的塑造上。全书巨大的历史主题主要是通过对起义英雄的歌颂和对他们斗争的描绘中具体表现出来的。英雄形象塑造得成功与否，是作品具有光辉艺术生命的重要因素。在《水浒传》中，至少出现了二十来个个性鲜明的典型形象，这些形象有血有肉，栩栩如生，跃然纸上，使故事情节熠熠生辉。

在人物塑造方面，最大特点是作者善于把人物置身于真实的历史环境中，扣紧人物的身份、经历和遭遇来刻画他们的性格。诚然，全书几乎没有什么具体的社会环境的介绍，但通过对各阶层人物及他们之间的关系的描绘，一幅北宋社会生活的图景便非常逼真、清晰地呈现在我们面前。统治阶级的骄奢淫逸以及受压迫人民"撞破天罗归水浒，掀开地网上梁山"的愿望，则是组成这幅历史图景的经纬线。书中的人物性格，正是在这样的环境中产生和成长起来的。林冲、鲁达、杨志虽同是武艺高强的军官，但由于身份、经历和遭遇的不同，因而走上梁山的道路也很不一样，作者正是这样表现了他们不同的性格特征的。禁军教头的地位，优厚的待遇，美满的家庭，使林冲很自然地形成了一种安于现实、怯于反抗的性格，对统治阶级的迫害一再隐忍；同时这种经历，又使他结交了四方好汉，形成了豪爽、耿直、不甘久居人下的品德。因此，林冲的隐忍不同于逆来顺受，在他"忍"的性格中，蕴藏着"不能忍"的因素，聚集着复仇的怒火。他被逼上梁山正是这种怒火的总爆发，是他性格发展的必然结果。与林冲相比，鲁达并未遇到那样的不幸，但他在和统治阶级长期周旋中，看透了他们荒淫腐朽的本质，加之他一无牵挂的身世，形成了他酷爱自由，好打不平的性格。这种性格和当时黑暗的现实，存在着不可调和的矛盾。因此，鲁达是向整个封建统治阶级挑战而主动地走上了反抗的道路。"三代将门之后"的杨志，走上梁山的道路更为曲折。"一刀一枪，博个封妻荫子"是他的生活目的。为了实现这个目的，他可以委曲求全。失陷"花石纲"并没有动摇他追求"功名利禄"的意愿，高俅的排斥也未能把他从这条路上拉回来，在充军得到梁中书的青睐后，其追求名利的欲望也更加炽烈了。在比武场上的斗狠逞能，护送生辰纲时

的兢兢业业，都充分表现了这一点。直到生辰纲被劫，不仅功名的道路被截断了，而且有落入牢狱的危险，他才在万不得已的情况下上了梁山。此外在对招安的不同态度上，来自社会底层的李逵等人是坚决反对的；封建文人出身的吴用主张有条件的招安；来自官军的绝大部分的将领则是殷切地盼望着招安。这种不同的态度，可以从他们各自的身份、经历中找到充分的根据。在人物塑造上，《水浒传》总是把人物放在阶级斗争的激流中，甚至把人物置于生死存亡的关头，以自己的行动、语言来显示他们的性格特征。在"劫法场石秀跳楼"一回中通过对石秀的白描，把他当机立断、临危不惧的性格表现得入木三分。作者巧妙地把人物的行动、语言和内心的复杂活动，紧紧地交融在一起，虽无静止的心理描写，却能准确、深刻地揭示出人物的内心世界。同样以劫法场迅雷不及掩耳之势，扯住卢俊义便走。在他被捕后大骂梁中书时，道出了梁山大军即将临城的形势，这才使梁中书不敢杀害他们。透过石秀果断的行动、机智的语言，又看到了他细微的内心活动。小说中类似这样的精彩描写有很多，如当林冲抓住高衙内提拳要打而又未敢下落时的微妙心理；宋江吟反诗时流露出的那种壮志未酬、满腔郁闷的心情，都是通过行动、语言来表现出人物的内心世界，并进一步深化了人物性格。《水浒传》故事中出现的人物，是目前世界上人数最多的小说之一。

【社会影响】

《水浒传》是一部以宋朝末年的农民起义作为创作主题的著名长篇小说，因其特殊的艺术价值和历史地位被列为我国四大古典文学名著之一。"水浒"即是指"发生在水边的故事"，一部《水浒传》，以其杰出的艺术描写手法，全面展现出一场农民起义从发生、发展直至结束的整个过程，深刻揭露了封建社会的黑暗腐朽以及统治阶级的罪恶本质，具有十分重要的历史研究价值。

同时，《水浒传》又如同一幅悠长的历史画卷，为后世详尽展现出大宋帝国的政治文化及市井风情，使后人有机会了解到它的部分原貌。作者以其高度的艺术表现方法与生动独特的语言表达风格，为读者描绘出许多引人入胜的故事，也塑造出众多个性鲜明、千古不衰的梁山英雄形象。这些人物角色在我国民间家喻户晓，他们侠肝义胆、以报天下之不平为己任，性格特征更是鲜明生动、光彩照人。《水浒传》继承并发扬了中国古典小说与讲史话本的传统特色，使所述故事极富传奇色彩，所谓一波未平一波又起，紧扣读者的心弦。如"拳打镇关西""智取生辰纲""景阳冈打虎""血溅鸳鸯楼""江州劫法场""三打祝家庄"等回目中的故事，更是数百年来脍炙人口的经典段落。在语言方面，《水浒传》以民间口语作为基础，经过作者的艺术加工而创造出独特的表达方式，使人感觉明快、洗练、准确、生动，具有浓厚的生活气息，十分灵动而传神；在叙事方面，作者主要使用白描的方法，使全书简洁明朗，没有过于冗长烦琐的段落描写。此外，在描写人物语言这一方面，《水浒传》更是展现出作者的高超水平，不但通过人物的语言表现出其性格特点，而且对于角色的出身地位，及其所受文化教育程度而形成的特定思想也能传达得活灵活现，真所谓"人有其性情，人有其口声"。此外，《水浒传》还被翻译成多种译本，如日本、法国、意大利、德国、英国等都有其译本，对世界小说的艺术产生了深远影响。

三、《西游记》

【作者简介】

吴承恩（约 1500 年—1582 年），字汝忠，号射阳山人，淮安府山阳县（今江苏省淮安市淮安区）人。吴承恩出生于一个学官沦落为商人的家庭，祖籍安徽桐城高甸，因祖先聚居桐城高甸，故称高甸吴氏。吴承恩自幼敏慧，博览群书，尤其喜爱神话故事。在科举中屡遭挫折，嘉靖中补贡生，嘉靖四十五年（1566 年）任浙江长兴县丞。由于宦途困顿，吴承恩晚年绝意仕进，闭门著述。

【内容梗概】

石猴出世，大闹天宫

东胜神洲有一花果山，山顶一石，受日月精华，产下一石猴。石猴四海求师，在西牛贺洲得到菩提祖师指授，得名孙悟空，学会七十二般变化，一个筋斗云可行十万八千里。孙悟空学成归来后自称"美猴王"，去龙宫借兵器，得大禹定海神针，化作如意金箍棒，可大可小，重一万三千五百斤；又去阴曹地府，把猴属名字从生死簿上勾销。龙王、地藏王去天庭告状，玉帝欲遣兵捉拿孙悟空。

太白金星谏言，把孙悟空召入上界，授他做弼马温，在御马监管马。美猴王一开始时不知官职大小，后知实情，打出天门，返回花果山，自称"齐天大圣"。玉皇大帝派李天王率天兵天将捉拿孙悟空，美猴王连败巨灵神、哪吒二将。太白金星二次到花果山，请孙悟空上天做齐天大圣，管理蟠桃园。孙悟空偷吃了蟠桃，又搅了王母娘娘的蟠桃宴，盗食了太上老君的金丹，逃离天宫。玉帝再派李天王率天兵捉拿孙悟空，双方争持不下，观音菩萨举荐灌江口二郎真君助战。孙悟空与二郎神赌法斗战，不分胜负。太上老君使暗器击中悟空，美猴王被擒。玉帝使刀砍斧剁、

火烧雷击，不能损伤悟空毫毛。太上老君又把悟空置丹炉锻炼，七七四十九日开炉，孙悟空依然毫发无伤，在天宫大打出手。最后，玉帝请来佛祖如来，把孙悟空压在五行山下，饥时，给他铁丸子吃；渴时，给他熔化的钢汁喝。

取经缘由，师徒来历

如来佛祖因南赡部洲贪淫乐祸，多杀多争，派观音菩萨去东土寻一取经人，去往西天取经，劝化众生。菩萨在流沙河、云栈洞、五行山分别度化沙悟净、猪悟能、孙悟空三人，将来做东土取经人的徒弟，又度白龙给取经人做脚力。唐太宗开科取士，海州陈光蕊得中状元，被丞相之女殷温娇抛球打中，做了佳婿，但在去江州上任途中被贼艄刘洪、张彪谋害。殷温娇产下一子，抛流江中，被金山寺法明和尚所救，取名江流儿。江流儿十八岁受戒，法名玄奘。后玄奘母子相见，报了前仇。泾河龙王因赌卦少降雨水，触犯天条当斩，求唐太宗救命。太宗大臣魏征梦斩泾河龙王，太宗魂被迫入阴司对证，还生后修建"水陆大会"，请陈玄奘主行法事，开演诸品妙经。观世音显像，指化陈玄奘去西天取真经。唐太宗认玄奘御弟，赐号三藏。唐三藏西行，出离边界即落入魔洞，得太白金星解救。在五行山揭去如来的压帖，救出孙悟空，赐号行者。因孙悟空打死劫经的强盗，遭唐僧数落，孙悟空一怒离去，观世音化作老母，传给唐僧一顶嵌金花帽，一道紧箍咒，哄骗悟空戴上金花帽，金箍嵌入肉中。唐僧念动咒语，悟空就头疼难忍，以此为唐僧约束悟空的手段。师徒二人西行，在鹰愁涧收服小白龙，小白龙化作唐僧的坐骑。在观音院，因悟空卖弄锦斓袈裟，引起金池长老贪心，要火烧唐僧师徒，反被悟空弄法烧了禅院。混乱中，袈裟被黑风怪窃走，孙悟空去南海请来观音，自己变化为仙丹，诱黑风怪吞下，降伏了此怪。二人继续西行，来到高老庄，庄主女儿被一长嘴大耳妖怪强占。悟空追赶妖怪来到云栈洞，得知妖怪为天蓬元帅，因调戏嫦娥被贬下界，误投猪胎后经观音菩萨收服，赐名猪悟能，在此等候取经人。之后猪悟能拜见唐僧，被赐号八戒，做了唐僧的第二个徒弟。后来唐僧在浮屠山得乌巢禅师传授《多心经》。在黄风岭遇怪刮黄风迷人，孙悟空请须弥山灵吉菩萨降伏此怪。在流沙河中，他们又收服了

观音菩萨赐名并令其在此等候东土取经人的水怪——沙悟净。沙悟净被赐号沙和尚，做了唐僧第三个徒弟。师徒四人跋山涉水，西去取经。

屡遭挫折，降妖伏魔

观音菩萨欲试唐僧师徒道心，和黎山老母、普贤菩萨、文殊菩萨化成美女，欲招四人为婚。唐僧等三人不为所动，只有八戒迷恋女色，被菩萨吊在树上。在万寿山五庄观，悟空等人偷吃人参果、推倒仙树，被镇元子拿获。悟空请来观音菩萨，用甘露救活仙树。白骨精三次变化，欲取唐僧，都被悟空识破，将怪打死。八戒趁机进谗言，唐僧不辨真伪，逐走悟空，自己却被黄袍怪拿住。被黄袍怪摄入洞中的百花公主放了唐僧并央求他到宝象国给自己的父王送信，前来搭救。八戒、沙僧斗不过黄袍怪，沙僧被擒，唐僧被变作老虎。八戒欲回高老庄，经白龙马苦劝后到花果山请回孙悟空。最终降伏妖魔，师徒四人继续西行。平顶山莲花洞金角大王、银角大王，欲拿唐僧，并有葫芦、净瓶、宝剑、扇子、魔绳五件宝器，神通广大。悟空与之斗智斗勇，屡经磨难，才降伏二怪。乌鸡国国王被狮精推入井内淹死，狮精变化国王。国王鬼魂求告唐僧搭救，八戒从井中背出尸身，悟空又从太上老君处讨来金丹，救活了国王。狮精原来是文殊菩萨的坐骑青毛狮子所化。牛魔王的儿子红孩儿据守火云洞，欲食唐僧肉。悟空抵不过红孩儿的三昧真火，请来观音菩萨降妖。观音菩萨降伏红孩儿，让他做了善财童子。黑水河龙王变作艄公，诱唐僧、八戒上船，后将其沉入水府。孙悟空请来西海龙王太子摩昂擒龙回西海。车迟国虎力、鹿力、羊力三位大仙祈雨救旱有功，做了国师，导致国王敬道灭僧。悟空等与三法师斗法，挫败他们，使之现了原形。观音菩萨座前的莲花池内金鱼修炼成精，在通天河岁食童男童女。悟空和八戒变作童子，打退妖怪。妖怪作法，使通天河封冻，诱唐僧上冰上行走，摄入水府。最后观音菩萨赶来，把金鱼收回南海。太上老君的坐骑青牛趁看守童打瞌睡，偷了老君的金刚镯下界作怪，在金兜洞把唐僧捉去。悟空请来雷公、水伯、十八罗汉等，都被妖怪用金刚镯把兵器收去，后来找到太上老君处，方把青牛收服。

　　师徒四人继续西行。唐僧、八戒喝子母河水受孕，悟空取来落胎泉水，解了二人胎气。西梁国正欲招唐僧做夫婿，悟空等智赚关文，坚意西行，唐僧却被琵琶洞蝎子变化的女妖摄去。悟空请来昴日星官，昴日星官化作双冠子大公鸡，使妖怪现了原形，死于坡前。

　　六耳猕猴趁机变作孙悟空模样，抢走行李关文，又把小妖变作唐僧、八戒、沙僧模样，欲上西天骗取真经。真假二悟空从天上杀到地下，观音菩萨、玉皇大帝、地藏菩萨等均不能辨认真假，直到雷音寺如来佛处，才被佛祖说出本相，猕猴精被悟空打死。师徒四人和好如初，同心戮力，赴奔西天。在火焰山孙悟空欲求铁扇公主芭蕉扇扇灭火焰，铁扇公主恼恨孙悟空把她的孩子红孩儿送往灵山做童子，不肯借。悟空与铁扇公主、牛魔王几次斗智斗勇，最后借天兵神力，降服了二怪，扇灭了大火，师徒四人得以继续西去。后来，师徒四人又先后除去了万圣老龙和九头虫驸马、黄眉怪、蜘蛛精、蜈蚣精和青狮、白象、大鹏三怪。比丘国国王受圣寿星的坐骑白鹿变成的国丈迷惑，欲用一千一百一十个小儿的心肝做药引。悟空解救婴儿，败退妖邪，圣寿星赶来把白鹿收回。陷空山无底洞里老鼠精又变化女子掳唐僧强逼成亲。孙悟空经过打听得知老鼠精是李天王义女，上天庭告状，最后李天王把鼠精押回天庭发落。灭僧国国王发愿杀一万僧人，孙悟空施法术，把国王后妃及文武大臣头发尽行剃去，使国王回心向善，改灭法国为钦僧国。隐雾山豹子精欲食唐僧肉，被悟空用瞌睡虫睡倒，八戒一耙结果了妖怪性命。师徒四人到天竺国，郡侯张榜求雨，悟空访知原委，劝郡侯向善，天降甘霖。师徒来到玉华州，因教授王子学艺，被黄狮精盗走兵器，悟空等三人夺回兵器，黄狮精投奔祖翁九灵元圣，即太乙救苦天尊座下龙头狮子所化。悟空请来太乙天尊，收服了狮怪。来到金平府，唐僧元宵夜观灯，被玄英洞辟寒、辟暑、辟尘三个犀牛摄去。悟空请来四位星宿擒拿三怪，斩首示众。在天竺本国，唐僧被月宫玉兔变化的假公主抛彩球打中，欲招为驸马。悟空识破真相，后会合太白星君擒伏了玉兔，并救回了流落城外的真公主。在铜台府地灵县寇员外家化斋后，寇家遭劫，寇员外丧生。唐僧师徒被当作强盗捉起入狱，悟空入地府招回寇员外灵魂，案情大白。

到达灵山，取得真经

师徒四人历尽千辛万苦终于来到了灵山圣地，拜见佛祖，却因不曾送人事给阿难、伽叶二尊者，只取得无字经。唐僧师徒又返回雷音寺，奉唐王所赠紫金钵作为人事，这才求得真经三十五部五千零四十八卷，之后返回东土。不想九九八十一难还缺一难未满，在通天河又被老龟把四人翻落河中，湿了经卷。唐三藏把佛经送回长安，真身又返回灵山。三藏被封为旃檀功德佛，悟空、八戒、沙僧和白龙马也均受封，各归本位，共享极乐。

【主要人物】

孙悟空，法号行者，是唐僧的大徒弟，会七十二变，能够腾云驾雾。他一双火眼金睛，能看穿妖魔鬼怪伪装的伎俩；一个筋斗能翻十万八千里；使用的兵器如意金箍棒，能大能小，随心变化。他占花果山为王，自称齐天大圣，搅乱王母娘娘的蟠桃盛会，偷吃太上老君的长生不老金丹，打败天宫十万天兵天将，又与如来佛祖斗法，被压在五行山下五百多年。后来经观世音菩萨点化，孙悟空保护唐僧西天取经，三打白骨精，收服红孩儿，熄灭火焰山，一路上降魔斗妖，历经九九八十一难，取回真经，终成正果。孙悟空生性聪明活泼，勇敢忠诚，疾恶如仇，在中国文化中已经成为机智与勇敢的化身。他不怕困难，坚忍不拔，英勇无畏，取经后被封为"斗战胜佛"。

唐僧，原为佛祖前的金蝉投胎。在生化寺出家，俗姓陈，小名江流儿，法号玄奘。他是遗腹子，自幼在寺庙中出家。由于父母凄惨离奇的经历，他最终迁移到京城的著名寺院中落户修行。唐僧勤敏好学，悟性极高，在寺庙僧人中脱颖而出。他最终被唐朝皇上选定，前往西天取经，唐太宗李世民赐法名三藏。唐僧十八岁出家皈依佛门，经常青灯夜读，对佛家经典研修不断，而且悟性极高，二十来岁便名冠中国佛教界。后来，唐僧被如来佛祖暗中选中去西天取经，并赐宝物三件，即袈裟、九环锡杖、紧箍咒。其举止文雅、性情和善，佛经造诣极高。他西行取经遇到九九八十一难，始终痴心不改，在孙悟空、猪八戒、沙和尚的辅佐下，历尽千辛万

苦，终于从西天雷音寺取回三十五部真经，共计 5048 卷。最后被封为"旃檀功德佛"。

猪八戒，法号悟能，是唐僧的二徒弟，原来是玉皇大帝的天蓬元帅，因调戏嫦娥被逐出天界，到人间投胎，却又错投猪胎，嘴脸与猪相似。他会变身术，能腾云驾雾，使用的兵器是九齿钉耙。唐僧西去取经路过云栈洞，猪八戒被孙悟空收服，八戒从此成为孙悟空的好帮手，一同保护唐僧西天取经。八戒性格温和，憨厚单纯，力气大，但又好吃懒做，爱占小便宜，贪图女色，经常被妖怪的美色所迷，难分敌我。他对师兄的话言听计从，对师父忠心耿耿，为唐僧西天取经立下汗马功劳，最后被封为"净坛使者"。

沙和尚，法名悟净，原是天宫玉帝的卷帘大将，因触犯天条，被贬出天界，在人间流沙河兴风作浪。他使用的兵器是一柄月牙铲。其武艺高强，不畏强敌，经南海观世音菩萨点化，拜唐僧为师，与孙悟空、猪八戒一起保护唐僧西天取经。他身上有两件宝，一件是菩萨葫芦，一件是九个骷髅组成的项圈。后来，他用九个骷髅作为九宫，把菩萨葫芦安放在其中，成为法船，稳似轻舟，顺利地帮助师徒四人渡河西去。沙和尚在保护唐僧西天取经的路上，任劳任怨，忠心不二，后被封为"金身罗汉"。

白龙马即小白龙，原是西海龙王敖闰殿下的三太子。龙王三太子纵火烧了殿上玉帝赐的明珠，触犯天条，犯下死罪，幸亏大慈大悲的南海观世音菩萨出面，才幸免于难，被贬到蛇盘山等待唐僧西天取经。无奈他不识唐僧和悟空，误食唐僧坐骑白马，后来被观世音菩萨点化，锯角退鳞，变化成白龙马，皈依佛门，取经路上供唐僧坐骑，任劳任怨，历尽艰辛，终于修成正果。取经归来，白龙马被如来佛祖升为八部天龙马。

【文学成就】

《西游记》是我国文学史上一部最杰出的充满奇思异想的神魔小说。作者吴承恩运用浪漫主义手法，翱翔着无比丰富的想象的翅膀，描绘了一个色彩缤纷、神奇

瑰丽的幻想世界，创造了一系列妙趣横生、引人入胜的神话故事，成功地塑造了孙悟空这个超凡入圣的理想化的英雄形象。在《西游记》奇幻的世界中曲折地反映出世态人情和世俗情怀，表现了鲜活的人间智慧，具有丰满的现实血肉和浓郁的生活气息。《西游记》以它独特的思想和艺术魅力，把读者带进了美丽的艺术殿堂。

《西游记》的艺术想象奇特、丰富、大胆，在古今小说作品中十分罕有。孙悟空活动的世界近于童话的幻境，十分有趣，而且在这个世界上，有各种各样稀奇有趣的妖怪，千奇百怪，丰富多彩。浪漫的幻想，源于现实生活，小说在奇幻的描写中折射着世态人情。《西游记》的人物、情节、场面，乃至所用的法宝，都极尽幻化之能事，但却都是凝聚着现实生活的体验而来，都能在奇幻中透出生活气息，折射出世态人情，让读者能够理解，乐于接受。

《西游记》的艺术魅力，除了它的奇异想象，就要数它的趣味了。在中国古典小说中，《西游记》可以说是趣味性和娱乐性最强的一部作品。虽然取经路上尽是险山恶水，妖精魔怪层出不穷，充满刀光剑影，孙悟空的胜利也来之不易，但读者的阅读感受总是轻松的，充满着愉悦而没有一点沉重感。

《西游记》的奇趣，跟人物形象的思想性格相辉映。孙悟空豪爽、乐观；猪八戒滑稽谐趣却憨厚朴实。他们幽默诙谐、妙趣横生的对话使文章增色不少。人物的性格常常通过富于谐趣的对话得以生动的表现，这也是《西游记》充满奇趣的又一大特点。在人物描写上将神性、人性和自然性三者很好地结合起来，也是造成《西游记》奇趣的重要原因。所谓神性，就是指形象的幻想性；所谓人性，就是指形象的社会性；所谓自然性，就是指所具有的动物属性。《西游记》展现了一个神化了的动物世界，同时又熔铸进社会生活的内容。《西游记》的幻想艺术是一份宝贵的思想财富和丰富的艺术财富，不仅是中国文学中的一部杰作，而且也是世界文学中的瑰宝。

【社会影响】

《西游记》系统地反映了中国释道儒三教合流的思想体系，成功地将道教的天上、地狱和海洋的神仙体系与佛教的西天极乐世界糅合到一起，并在同时执行"世上没有不忠不孝的神仙"的儒教思想。《西游记》还提出"皇帝轮流作，明年到我家"的大胆言论。同时这本书中神仙体系的描绘正是作者当时生活的明朝的政治社会的缩影。鲁迅先生在《中国小说史略》中评价《西游记》的主旨是描写反映人的一生，人在年轻时思想活跃，敢想敢干，上天入地，无所不能，敢于蔑视任何权威，"粪土当年万户侯"；一旦碰了钉子，栽了一个大跟头后，就会踏踏实实，一步一个脚印地去克服艰难险阻和人生中的诱惑（九九八十一难），最终才会达成"正果"。

四、《红楼梦》

【作者简介】

曹雪芹（约 1715 年—约 1763 年），名沾，字梦阮，号雪芹，又号芹溪、芹圃，中国古典名著《红楼梦》作者，籍贯沈阳（一说辽阳），生于南京，约十三岁时迁回北京。曹雪芹出身清代内务府正白旗包衣世家，是江宁织造曹寅之孙。曹雪芹早年在南京江宁织造府亲历了一段锦衣纨绔、富贵风流的生活。至雍正六年（1728 年），曹家因亏空获罪被抄家，曹雪芹随家人迁回北京老宅，后又移居北京西郊，靠卖字画和朋友救济为生。曹雪芹素性放达，爱好广泛，对金石、诗书、绘画、园林、中医、织补、工艺、饮食等均有所研究。他以坚韧不拔的毅力，历经多年艰辛，批阅五载，增删五次，创作出极具思想性与艺术性的伟大作品《红楼梦》。

【内容梗概】

神话缘起

《红楼梦》开篇以神话形式介绍作品的由来，说女娲炼三万六千五百零一块石补天，只用了三万六千五百块，剩余一块未用，弃在青埂峰下，一僧一道见它形体可爱，便给它镌上数字，携带下凡。不知过了几世几劫，空空道人路过，见石上刻录了一段故事，便受石之托，抄写下来传世。辗转传到曹雪芹手中，经他批阅十载、增删五次而成书。

林黛玉前身是西方灵河岸上的一棵绛珠仙草，贾宝玉的前身是补天石，亦即神瑛侍者。神瑛侍者每天用甘露灌溉绛珠草，使仙草既受天地精华，又受雨露滋养，于是脱掉草胎木质，修成女体。后来神瑛侍者下凡造历，绛珠仙草决定也下凡为人，用一生的眼泪偿还神瑛侍者的甘露之恩。

演说荣国府

书中故事发生在京城贾府，为宁国公、荣国公之家宅。据冷子兴演说，宁国公长孙名贾敷，八九岁时死了；次孙贾敬袭官，而一味好道，把世袭的官爵让给了儿子贾珍，自己出家修道。贾珍无法无天，整日寻欢作乐，家中有贾蓉及儿媳秦可卿。荣国公长孙名贾赦，家中有贾琏，儿媳王熙凤；次孙贾政；孙女贾敏，嫁林如海，中年而亡，仅遗一女林黛玉。贾政娶王夫人，生长子贾珠，贾珠娶妻李纨，生子贾兰；生女元春，入宫为妃；次又得子，衔玉而诞，玉上有字，因名贾宝玉。人人都以为贾宝玉来历不小，贾母对其尤其溺爱。

贾宝玉长到七八岁，聪明绝人，然生性钟爱女子，常说"女儿是水做的骨肉，男人是泥做的骨肉"。贾政不大喜欢他，对他管教甚严，却不知他是正邪两赋而来。

十二钗聚首

金陵十二钗，除了贾府本家的几位姑娘、少奶奶和丫鬟外，还有亲戚家的女孩，如黛玉、宝钗，都寄居于贾府，史湘云也是常客，妙玉则在大观园栊翠庵修行。

故事起始于贾敏病逝，贾母怜惜黛玉无依傍，又多病，于是接到贾府抚养。黛玉小贾宝玉一岁。后又有王夫人外甥女薛宝钗也到贾府，大贾宝玉二岁，长得端庄美丽。贾宝玉在孩提之间，性格纯朴，深爱二人无偏心，黛玉便有些醋意，宝钗却浑然不觉。贾宝玉与黛玉同在贾母房中坐卧，所以比别的姊妹略熟惯些。

一天，贾宝玉在秦可卿卧房午睡，梦入太虚幻境，遇警幻仙子，阅金陵十二钗正册、副册、又副册判词，有图有诗，只是不解其意。警幻命仙女演奏新制《红楼梦》套曲十四支，其收尾一支名《飞鸟各投林》，词云"落了片白茫茫大地真干净"。然而贾宝玉仍不解，警幻更将妹妹可卿许配与他，二人难分难解，入迷津而惊醒。

大观园纪事

元春被选为贵妃，荣国府愈加贵盛，为之建造大观园，迎接省亲。贾府家人团圆，极天伦之乐。贾宝玉长到十二三岁，在外结交秦钟、蒋玉函；在内则周旋于

姊妹中以及丫鬟如袭人、晴雯、平儿、紫鹃等之间，亲昵且敬爱她们，极尽小心谨慎，深恐违逆她们的心意，所爱的女儿多，自己身心劳倦，而忧患也与日俱增。一次听紫鹃说黛玉要回原籍（苏州）去，贾宝玉便被唬傻了，闹得满宅惊慌，直到紫鹃说明缘由才好了。

在探春倡议下，大观园女儿共结海棠诗社，贾宝玉同姐妹们开办海棠诗会、菊花诗会。大观园盛极一时。黛玉葬花、宝钗扑蝶、刘姥姥游园、栊翠庵品茶、元宵夜宴、探春理家、怡红院夜宴等事皆极尽风雅。随后，薛宝琴、邢岫烟进贾府。

荣国府虽显赫，然而人口众多，事务繁杂，主仆上下，贪图享乐的多，操持家业的少，其生活标准和排场又不能节俭，所以外面的架子虽勉强支撑，而内部已在加速朽坏。家族末世颓运将至，变故增多。贾宝玉在繁华富贵中，也屡屡遭遇无常，先有秦可卿病逝、秦钟夭逝，自身又中了赵姨娘、马道婆的法术，差点死去；接着金钏儿投井、尤三姐自刎、尤二姐吞金；大观园惨遭抄检，而所爱的丫鬟晴雯又被逐出，随即病殁；林黛玉重开桃花社，也是无疾而终。悲凉气氛弥漫着大观园，然而领会到的，唯有贾宝玉和十二钗而已。

大悲剧结局

《红楼梦》结局，虽早预伏于太虚幻境梦中，而前八十回仅露悲音。至后四十回，贾宝玉先丢失通灵宝玉，丧魂落魄。贾政将离家赴江西粮道上任，贾母要在他出发前为贾宝玉完婚。因黛玉咯血，只好迎娶宝钗。婚事由王熙凤谋划，设调包计，十分保密。却意外被傻大姐泄密，黛玉病遂不起，于宝钗大婚之夜泪尽而逝。贾宝玉得知将婚，自以为必娶黛玉，满怀期待。拜堂后见是宝钗，大感诧异。元春先薨，贾赦因石呆子古董扇一案"交通外官，倚势凌弱"获罪革职抄家，累及贾政；贾母又病逝；妙玉则遭强盗掳走，不屈而亡；王熙凤失势，郁郁而终。

贾宝玉病重，直至奄奄一息，癞头僧持通灵宝玉引他入太虚幻境变形的真如福地梦中。梦醒后，贾宝玉发奋读书，次年参加乡试，中举人。后宝钗已有身孕，而贾宝玉应试后走失。贾政扶贾母灵柩至金陵安葬，将归京城，雪中泊舟常州毗陵驿，见一人来到船头，光头赤足，披大红猩猩毡斗篷，向贾政倒身拜了四拜，细视之，正是贾宝玉。贾政忙问，贾宝玉却不言语，似喜似悲。贾政再问，贾宝玉未及回答，忽被一僧一道左右夹住飘然登岸而去，闻其作歌云"归大荒"。贾政追之不及，"只见白茫茫一片旷野"而已。后人见了这本小说，亦题诗一绝云："说到辛酸处，荒唐愈可悲。由来同一梦，休笑世人痴！"

【主要人物】

贾宝玉，荣国府衔玉而诞的公子，贾政与王夫人之次子，全府捧为掌上明珠，对他寄予厚望，他却走上了叛逆之路，痛恨八股文，批判程朱理学，给那些读书做官的人起名"国贼禄蠹"。他不喜欢"正经书"，却偏爱《牡丹亭》《西厢记》之类的"杂书"。他终日与家里的女孩们厮混，爱她们美丽纯洁，伤悼她们的薄命悲剧。

林黛玉，金陵十二钗之冠（与宝钗并列），林如海与贾敏之女，宝玉的姑表妹，寄居荣国府。她生性孤傲，多愁善感，才思敏捷。林黛玉与贾宝玉真心相爱，是反抗封建礼教的同盟，是自由恋爱的坚定追求者。

薛宝钗，金陵十二钗之冠（与黛玉并列），来自四大家族之薛家，薛姨妈之女。她大方典雅，举止雍容。她对官场黑暗深恶痛绝，但仍规谏宝玉读书做官。因其有一个金锁，与贾宝玉的通灵宝玉被外人称为"金玉良缘"。

贾元春，金陵十二钗之三，贾政与王夫人之长女，贾府大小姐，因贤孝才德，选入宫做了女史。秦可卿出殡不久，元春晋封贵妃。贾府为了迎接元春省亲，建造了大观园。她给家族带来了"烈火烹油，鲜花著锦"之盛，但自己却幽闭深宫，不能尽天伦之乐。

贾探春，金陵十二钗之四，贾政与赵姨娘所生，贾府三小姐。她精明能干，个性刚烈，有"刺玫瑰"之名。抄检大观园时，她当众扇了王善保家的一巴掌。她对贾府的危局颇有感触，曾用兴利除弊的改革来挽救。改革虽成功，但无济于事。

史湘云，金陵十二钗之五，来自四大家族之史家，是贾母的侄孙女。史湘云自幼父母双亡，在家没有地位，不时还要三更半夜做针线活儿。她心直口快，开朗豪

爽，心怀坦荡，从未把儿女私情放在心上。

妙玉，金陵十二钗之六，苏州人氏。其祖上是读书仕宦人家，因自幼多病，买了许多替身皆不中用，只得入了空门，带发修行。父母亡故后，她随师父进京。师父圆寂后，王夫人赏识妙玉的佛学修为，请她入住大观园栊翠庵。

贾迎春，金陵十二钗之七，是贾赦与妾所生，贾府二小姐。她老实无能，懦弱怕事，有"二木头"的诨名。她不但作诗猜谜不如姐妹们，在处世为人上，也只知退让，任人欺侮。贾赦欠了孙家五千两银子还不出，就把她嫁给孙家，最后被丈夫孙绍祖虐待致死。

贾惜春，金陵十二钗之八，宁国府贾珍的妹妹，贾府四小姐，爱好绘画。因父亲贾敬一味好道炼丹，母亲又早逝，她一直在荣国府贾母身边长大。由于没有父母疼爱，养成了孤僻冷漠的性格，抄检大观园时，她狠心撵走丫环入画。四大家族的没落，三个姐姐的结局，使她产生了弃世的念头，最后看破红尘，出家为尼。

王熙凤，金陵十二钗之九，来自四大家族之王家，是王夫人的内侄女，贾琏之妻。她精明强干，深得贾母和王夫人的信任，成为荣国府的管家奶奶，她为人处事圆滑周到，图财害命的事也干过不少。

贾巧姐，金陵十二钗之十，贾琏与王熙凤的女儿。因生在七月初七，刘姥姥给她取名为"巧姐"。在贾府败落后，王仁和贾环要把她卖与藩王作使女。在紧急关头，幸亏刘姥姥相救，把她带去了乡下。

李纨，金陵十二钗之十一，贾珠遗孀，生子贾兰。李纨虽处于膏粱锦绣之中，竟如"槁木死灰"一般，家中事情一概不闻不问，只知道抚养亲子，闲时陪侍小姑等做女红、诵读诗而已。她是个恪守封建礼法的节妇典型。

秦可卿，金陵十二钗之十二，宁国府贾蓉之妻。她是营缮司郎中秦邦业从养生堂抱养的女儿，小名可儿，大名兼美。她长得袅娜纤巧，性格风流，行事又温柔和平，深得贾母等人的欢心。但公公贾珍与她关系暧昧，致使其年轻早夭。

贾母，贾代善之妻，来自四大家族之史家，贾府老太太，宝玉祖母。在贾家从重孙媳妇做起，一直到有了重孙媳妇。她凭着自己的精明能干，才坐稳了贾家大家

长的位置。贾母喜爱众孙女，特别疼爱贾宝玉。

【文学成就】

《红楼梦》是一部具有世界影响力的章回小说，是举世公认的中国古典小说巅峰之作，是中国封建社会的百科全书、传统文化的集大成者。小说以贾、史、王、薛四大家族的兴衰为背景；以贾府的家庭琐事、闺阁闲情为脉络；以贾宝玉、林黛玉、薛宝钗的爱情婚姻故事为主线，刻画了以贾宝玉和金陵十二钗为中心的正邪两赋有情人的人性美和悲剧美。通过家族悲剧、女儿悲剧及主人公的人生悲剧，揭示了封建末世的危机。

《红楼梦》在艺术上取得了辉煌的成就。它的叙述和描写就像生活本身那样丰富、深厚、逼真、自然。其在艺术表现上普遍运用了对比的手法。作者安排了鲜明对照的两个世界：一是以女性为中心的大观园，这是被统治者的世界；一是以男性为中心的社会，这是统治者的世界。作者还常常拿一个人对两件事的不同态度对比，以及拿两个人对同一件事的态度对比，在对比中揭示人物灵魂深处的隐秘，表达自己的爱憎倾向。《红楼梦》善于处理虚实关系，它实写而不浅露，虚写而不晦暗，创造出一个含蓄深沉的艺术境界。作者文笔曲折而意含褒贬，如将王夫人对林黛玉的憎恶写得十分含蓄。《红楼梦》是一部百科全书式的长篇小说。它以一个贵族家庭为中心展开了一幅广阔的社会历史图景，社会的各阶级和阶层都得到了生动的描画。其博大精深在世界文学史上是罕见的。

【社会影响】

影响影视界

《红楼梦》备受社会的欢迎，所以便陆续有人将其搬上舞台。据不完全统计，在清代以《红楼梦》为题材的传奇、杂剧有近二十多种。到了近代，花部戏勃兴，在京剧和各个地方剧种、曲种中出现了数以百计的红楼梦戏。其中梅兰芳的《黛玉葬花》、荀慧生的《红楼二尤》等，经过杰出艺术家的再创作，成为戏曲节目中的精品，

经久上演而不衰。电影、电视连续剧更把它普及到千家万户，风靡了整个华人世界。

影响文学界

《红楼梦》的出现，是在批判地继承唐传奇以及《金瓶梅》和才子佳人小说的创作经验之后的重大突破，成为人情小说最伟大的作品。在《红楼梦》之后，出现了模仿其笔法来写优伶妓女的悲欢离合、缠绵悱恻的狭邪小说，如《青楼梦》《花月痕》，以及鸳鸯蝴蝶派的小说。但是，他们只是学了皮毛，却未得《红楼梦》的主旨和精神。到了"五四"运动以后，由于文学革命者重新评价了《红楼梦》，但《红楼梦》里提出的妇女和爱情婚姻问题，在"五四"以后的社会里并没有解决，仍然是作家创作的热点，作家仍从《红楼梦》的爱情婚姻悲剧中得到启迪。"五四"之后以至当代，《红楼梦》仍然成为许多人永远读不完、永远值得读的书，成为中国作家创造高水平作品的不可多得的借鉴品。

《红楼梦》问世后，引起人们对它评论和研究的兴趣，并形成一种专门的学问——红学。据李放《八旗画录注》记载："光绪初，京朝士大夫尤喜读之（指《红楼梦》），自相矜为红学云。"从早期的评点、索隐，到20世纪前期的"新红学"，再到50年代后的文学批评，论著之多可以成立一所专门图书馆。《红楼梦》的作者问题、文本的思想内涵、人物形象、艺术特征等方面，都得到了日益深细的探讨、解析，近二十年间更呈现出生机勃勃、欣欣向荣的景象。

影响世界

《红楼梦》这部伟大的作品是属于中国的，也是属于世界的。不仅在国内已有数以百万的发行量，有藏、蒙、维吾尔、哈萨克、朝鲜多种文字的译本，成为家喻户晓的名著，而且已有英、法、俄等十几种语种的择译本、节译本和全译本，并且在国外也有不少人对它进行研究，写出不少论著。《红楼梦》正日益成为世界人民共同的精神财富。

五、《儒林外史》

【作者简介】

吴敬梓（1701 年—1754 年），清小说家，字敏轩，号粒民，晚号"文木老人"、秦淮寓客，安徽全椒人。吴敬梓早年生活豪纵，之后家业衰落，移居江宁。乾隆初荐举博学鸿词，吴敬梓托病不赴，穷困以终。其工诗词散文，一生创作了大量的诗歌、散文和史学研究著作，尤以长篇小说《儒林外史》成就最高。其他著作有《文木山房诗文集》《文木山房诗说》。

【内容梗概】

隐士王冕

元朝末年，诸暨县的一个村子里有个少年叫王冕，他从小替人放牛，勤奋好学，他画的荷花惟妙惟肖，并且博览群书，才华横溢。王冕不愿意接交权贵，更不愿求取功名利禄。县令登门拜访，他躲避不见；朱元璋授他"咨议参军"的职务，他也不接受，心甘情愿地逃往会稽山中，去过隐姓埋名的生活。明朝立国，推行八股制度，王冕不禁感叹："以八股文形式取士的制度不仅不会为国家选到真正的人才，而且读书人恐怕也只有这一条荣身之路了。这是一代文人碰上了厄运！"王冕是反对八股取士、自甘清贫的隐士，然而在当时的社会里，像王冕这样的人实在太少了。多数文人都走上了一条醉心于科举功名的道路。

周进中举

明宪宗成化末年，山东兖州府汶上县有一位教书先生，名叫周进，他为了能够出人头地，荣耀乡里，屡次参加科举考试，60 多岁了，却连秀才也未考上。 一天，

他与姐夫来到省城，走进了贡院。他触景生情，悲痛不已，一头撞在了号板上，不省人事，被救醒后，满地打滚，哭得口中鲜血直流。几个商人见他很是可怜，于是凑了二百两银子替他捐了个监生。他马上就向众人磕头，说："我周进变驴变马也要报效！"不久，周进凭着监生的资格竟考中了举人。顷刻之间，不是亲的也来认亲，不是朋友的也来认作朋友，连他教过书的学堂居然也供奉起了"周太老爷"的"长生牌"。过了几年，周进中了进士，升为御史，被指派为广东学道。

范进中举

在广州，周进发现了范进。为了照顾这个54岁的老童生，他把范进的卷子反复看了三遍，终于发现那是一字一珠的天地间最好的文章，于是将范进录取为秀才。过后不久，范进又去应考，中了举人。当时的范进，在家里倍受冷眼，妻子对他呼西唤东，老丈人对他更是百般呵斥。当范进一家正在为揭不开锅，等着卖鸡换米而发愁时，却传来范进中举的喜报。范进从集市上被找了回来，知道喜讯后，他高兴得发了疯。好在他的老丈人胡屠户给了他一耳光，才打醒了他，治好了这场疯病。转眼工夫，范进时来运转，不仅有了钱、米、房子，而且奴仆、丫环也有了。范进母亲见此欢喜得一下子胸口接不上气，竟一命归了西天。胡屠户也一反常态，到处说他早就知道他的女婿是文曲星下凡，不会与常人一样，此后对范进更是毕恭毕敬。后来，范进入京拜见周进，由周进引荐而中了进士，被任为山东学道。范进虽然凭着八股文发达了，但他所熟知的不过是四书五经。当别人提起北宋文豪苏轼的时候，他却以为是明朝的秀才，闹出了天大的笑话。

贪官王惠

进士王惠被任命为南昌知府，他上任的第一件事，不是询问当地的治安，不是询问黎民生计，也不是询问案件冤情，而是查询地方人情，了解当地有什么特产，各种案件中有什么地方可以通融。后来王惠定做了一把头号的库戥，将衙门中的六房书办统统传齐，问明了各项差事的余利，让大家将钱财归公。从此，衙门内整天是一片戥子声、算盘声、板子声。衙役和百姓一个个被打得魂飞魄散，睡梦中都战

战兢兢。而他本人的信条却是"三年清知府，十万雪花银"。朝廷考察他的政绩时，竟一致认为他是"江西的第一能员"。

污吏汤奉

高要县知县汤奉，为了表示自己为政清廉，对朝廷各项法令严加执行。朝廷有禁杀耕牛的禁令，汤奉不问因由，竟然将做牛肉生意的老师傅活活枷死，闹得群众义愤填膺，鸣锣罢市。事发后，按察司不仅没有处罚汤奉，反而将受害人问成"奸发挟制官府，依律枷责"之罪。如此"清廉"的知县，一年下来居然也搜刮了八千两银子。

恶霸张静斋

在八股科举之下，官吏们贪赃枉法，土豪劣绅也恣意横行。举人出身的张静斋，是南海一霸。他勾通官府，巧取豪夺。为了霸占寺庙的田产，他唆使七八个流氓，诬陷和尚与妇女通奸，让和尚不明不白地吃了官司。

匡超人高兴长安道

科举制度造就了一批社会蛀虫，同时也毒害着整个社会。温州府的乐清县有一农家子弟叫匡超人，他本来朴实敦厚。为了赡养父母，他外出做小买卖，流落杭州。后来遇上了选印八股文的马二先生。马二先生赠给他十两银子，劝他读书上进。匡超人回家后，一面做小买卖，一面用功读八股文，很快他就得到了李知县的赏识，被提拔考上了秀才。为追求更高的功名利禄，他更加刻苦学写八股文。不料知县出了事，为避免被牵累，他逃到到杭州。在这里，他结识了冒充名士的头巾店老板景兰江和衙门里当吏员的潘三爷，学会了代人应考、包揽讼词的本领。又因马二先生的关系，他成了八股文的"选家"，并吹嘘印出了95本八股文选本，人人争着购买，五省读书的人，家家都在书案上供着"先儒匡子之神位"。不久，那个曾提拔过他的李知县被平了反，升为京官，匡超人也就跟着去了京城，为了巴结权贵，他抛妻弃子去做了恩师的外甥女婿，而他的妻子却在贫困潦倒中死在了家乡。这时，帮助过

他的潘三爷入了狱，匡超人怕影响自己的名声和前程，竟同潘三爷断绝了关系，甚至看也不肯去看一下。对曾经帮助过他的马二先生他不仅不感恩图报，还妄加诽谤嘲笑，完全堕落成了出卖灵魂的衣冠禽兽。

【文学成就】

《儒林外史》是一面封建社会的照妖镜。它通过对封建文人、官僚乡绅、市井无赖等各类人物无耻行为的生动描写，深刻地揭露了即将崩溃的封建制度的腐朽性，强烈地抨击了罪恶的科举制度，并批判了政治制度、伦理道德、社会风气等。谴责官僚集团、批判封建礼教、同情人民群众，这些内容使《儒林外史》成为一部具有进步民主思想的名著。

《儒林外史》塑造了一批典型的人物形象。被科举制度害得精神失常的范进；本是贫寒青年，在黑暗社会的熏染下逐渐变质，抛弃糟糠之妻，成了忘恩负义的匡超人；掠夺他人土地，霸占寡妇财产，专靠欺诈哄骗饱食终日的严贡生等人物，都成了中国讽刺文学史上最具影响的艺术典型。

《儒林外史》全书没有贯穿始终的中心任务和中心事件，而是由一个人物的相对独立的故事引出另一个人物的相对独立的故事，前后衔接，推进情节。全书由若干互相关联的短篇小说连接起来，"如集诸碎锦，合为帖子"，人物展现有主有次，有所侧重。这种结构形式对晚清谴责小说有很大的影响。

《儒林外史》通过纯熟的白话式语言和采用第三人称的隐身人的客观述评方式，让读者直接与书中人物见面，大大缩短了小说中人物与读者之间的距离。其语言准确有力，简单洗练，生动传神。

现当代小说

一、《家》

【作者简介】

巴金（1904年—2005年），原名李尧棠，字芾甘，四川成都人，祖籍浙江嘉兴，中国杰出的文学家、出版家、翻译家，同时也被誉为是"五四"新文化运动以来最有影响力的作家之一，是20世纪中国杰出的文学大师、中国当代文坛的巨匠。其主要作品有《死去的太阳》《新生》《沙丁》《索桥的故事》《萌芽》和著名的《激流三部曲》（《家》《春》《秋》）。2005年10月17日，巴金在上海华东医院逝世，享年101岁，被人们誉为"世纪老人"。其作品内容朴实，感情真挚，因此巴金被誉为"二十世纪中国文学的良心"。

【创作背景】

巴金的一生就是与封建专制进行不懈斗争的过程。1931年长篇小说《家》（当时以《激流》之名在上海《时代》杂志连载）的诞生，标志着巴金对小说的一个重要领域——封建家庭生活的开拓。《家》的成功，为巴金小说摆脱幼稚，迈向成熟积累了重要经验。1938年和1940年，巴金顺着《家》的情节继续发展线索，陆续写成了《春》《秋》，并将这三部长篇小说合称为《激流三部曲》。这三部小说一开始并没有总体构思，写作间隔很长，每部作品又各有其独立的结构，但在写作过程中又兼顾到各部相互关照，所以是整体统一的长篇系列小说。

巴金是三十年代写中长篇小说"三部曲"的专家，而《激流三部曲》则在其三部曲中规模最大、影响最著。新文学问世以来，以揭露旧家庭旧礼教为题材的创作很多，但以长篇系列小说形式和如此浩大的规模对封建家庭崩溃过程做系统深入描

写的，《激流三部曲》还是第一次。

巴金的《家》是一本幸运的书，仅在1949年以前便出了三十多版，销售数十万册。此后，到1978年，仅北京一地就印行15次，它还先后三次被改编拍摄成电影，亦曾被改编成话剧、越剧、粤剧等。

《家》写的是一个溃败的封建大家庭悲欢离合的故事，这部小说的创作，曾受到左拉的长篇小说《卢贡家族的命运》和曹雪芹《红楼梦》的影响，但是又有着自己的特点。巴金原打算在《家》中写一个旧式大家庭衰败的历史，写了六章之后，他所挚爱的长兄自杀，这给巴金极大的刺激，他把自己所感受到的黑暗社会的压迫和反抗情绪，集中向旧家庭发泄，虚构了一桩桩血案，更加义无反顾地攻击专制主义。他认为旧家庭所代表的专制制度，扼杀了包括他长兄在内的一切青年的幸福。这种反抗与破坏的情绪转化成为《家》的激进的风格。这种批判性的激进的主题是《家》在三四十年代能产生积极而巨大影响的主要因素之一。

【内容梗概】

长篇小说《家》以二十年代初期中国内地城市四川成都为背景，真实地写出了高家这个很有代表性的封建大家庭腐烂、溃败的历史。作品中的高家是中国封建社会和家族制度的缩影。从表面看，高家"一家人读书知礼，事事如意"，家庭内部尊卑有序，礼法森严；但实际上，在这个大家族中处处都充满着激烈的尔虞我诈和钩心斗角。为了争夺家产，陈姨太、克安、克定等打着维护家族荣誉和高老太爷的招牌，耍尽了花招。他们先是闹"鬼"，吓死了老太爷，接着又闹"避血光"，害死了瑞珏。他们很清楚是军阀混战导致商场被毁，但却硬逼着觉新赔偿股票的损失，并且在老太爷尸骨未寒时大闹分家。除此之外，这个封建大家庭挥霍奢侈的寄生生活，造就了一代整日只会挥霍无度、过着穷奢极欲糜烂生活的"败家子"，这在高家"克"字辈人物身上显得尤为突出。如高老太爷最喜欢的五儿子克定，不但嫖娼、赌博、抽大烟、玩小旦样样精通，而且还骗取妻子的金银首饰去当卖，在外面私设公馆，蓄妓取乐。

【文学成就】

《家》在揭露这个封建家庭罪恶的同时，侧重表现了封建制度、封建礼教对青年一代的摧残和迫害。觉新和梅本是青梅竹马、真诚相爱的一对恋人，只是因为双方母亲在牌桌上有了摩擦，就儿戏般地拆散了这对情侣，使梅在痛苦的折磨中悲哀寂寞地离开了人间。瑞珏是在陈姨太之流闹"血光之灾"的邪说中丧命的，她和梅一样，也是封建礼教的牺牲品。被封建礼教摧残的除了梅和瑞珏外，还有在高家做丫头的鸣凤、婉儿。鸣凤只有 17 岁，就被高老太爷当作一件礼物送给了"死教会"的老恶棍、年已花甲的冯乐山做小妾，结果这位年仅 17 岁的少女被逼得走投无路，投湖自尽了。然而，鸣凤的死却没有使这场悲剧完结，丫头婉儿又很快被高家用来替代鸣凤，继续着人生的悲剧。

作品还表现了以觉慧为代表的一代觉醒了的青年同这个罪恶家族的斗争。这些青年受"五四"反封建巨浪的影响，一方面在社会上积极参加宣传革命思想的学生运动；一方面在家庭内部和封建势力、封建礼教展开勇猛的战斗。最后，他们真正敲响了这个封建大家庭的丧钟。

《家》是一部思想相当深刻的现实主义力作，作品通过以觉慧为代表的青年一代与以高老太爷为代表的封建腐朽势力的激烈斗争，反映了当时的社会面貌，深刻地揭露了封建社会和家族制度的腐败与黑暗，控诉和揭示了大家族和旧礼教、旧道德的罪恶以及吃人本质，并且揭示了其必然灭亡的历史命运。同时，作品还以极大的激情歌颂了青年知识分子的觉醒、抗争以及他们与罪恶的封建家庭的决裂。

二、《骆驼祥子》

【作者简介】

老舍（1899年—1966年），原名舒庆春，字舍予，笔名老舍（另有笔名絜青、鸿来、非我等），北京满族正红旗人，中国著名小说家、文学家、戏剧家。"文革"期间受到迫害，1966年8月24日深夜，老舍含冤自沉于北京西北的太平湖，终年67岁。

老舍一生共写了约计800余万字的作品，被称为"人民艺术家"。老舍于1924年夏应聘到英国伦敦大学东方学院当中文讲师，在英期间开始文学创作。长篇小说《老张的哲学》是其第一部作品，1926年7月起在《小说月报》杂志连载，立刻震动文坛。以后他陆续发表了长篇小说《赵子曰》和《二马》，这些作品奠定了其作为新文学开拓者的地位。

老舍的主要著作有：长篇小说《二马》《猫城记》；中篇小说《我这一辈子》《月牙集》；短篇小说集《赶集》《樱海集》《东巴山集》《蛤藻集》《火车集》《贫血集》；剧本《龙须沟》《茶馆》《西望长安》。另有《老舍剧作全集》《老舍散文集》《老舍诗选》《老舍文艺评论集》和《老舍文集》等。

【创作背景】

《骆驼祥子》是老舍小说的长篇代表作，创作于1936—1937年10月期间。1930年老舍从英国回来，面对满目疮痍的祖国，作品的格调开始变得沉重起来，《骆驼祥子》就是他那个时期的作品。整部小说以祥子买车的三起三落为情节发展的中心线索，淋漓尽致地表现了旧社会人力车夫的苦难生活，艺术地概括了祥子从充满希望，到挣扎苦斗，直到精神崩溃，走向堕落的悲惨一生。作者描写了祥子原来具有的善良朴实、热爱劳动的美好品质，之后愤怒地揭露和声讨了把祥子逼进堕落深渊的黑暗社会，小说还有力地说明了在旧社会仅凭个人奋斗发家，只不过是一种幻想，反映了旧中国个体劳动者的悲惨命运。

【内容梗概】

　　祥子老家在乡间，十八岁时，父母去世，他便跑到北平来赚钱谋生。带着乡间小伙子的健壮、木讷、勤快与诚实的性格，卖力气换饭吃的事做过不少，最后他认定，拉车是件最好挣钱的活儿。当他拉着租来的新车，就下定决心，一定要攒钱买一辆自己的车。祥子省吃俭用，不吸烟，不喝酒，不赌钱，终于在三年中凑足一百块血汗钱，买了一辆新车。祥子感到生活充满了希望，拉车也拉得越来越起劲儿。但好景不长，北平城外军阀混战，大兵到处抓人抓车。有一天，祥子为了多挣两块钱，抱着侥幸心理拉客出城，不料走到半路，连人带车被十来个兵捉去。他在兵营里只好每天给大兵们扛行李，挑水、烧水、喂牲口。他心疼那辆自己用血汗挣来的车。后来大兵们吃了败仗，祥子乘黑从兵营里偷跑回来，还顺手拉了三匹大兵撤退时落下的骆驼，把它们卖了三十五块大洋，从此他就有了"骆驼祥子"的外号。

　　祥子没有家，他就住在刘四爷的车厂里。刘四爷开的车厂有六十多辆车，女儿虎妞协助他管理。虎妞是个三十七八岁的老姑娘，长得虎头虎脑，像个男人一样。刘四爷管外，虎妞管内，父女俩把人和车厂治理得很好。祥子对车有一种特殊的喜好，平时也不愿闲着，擦车、打气、晒雨布、抹油……干得高高兴兴。因此有时祥子虽然不拉刘四爷的车，刘四爷仍允许他一直住在厂里。一天晚上，虎妞诱使祥子喝酒，然后和他睡了一夜。祥子清醒后十分憋闷，并开始竭力躲避她，恰逢老主顾曹先生要他拉包月，祥子便欢天喜地地搬到曹宅住。不料，虎妞将祥子灌醉，并在自己裤腰里塞了个枕头，挺着肚子说是已怀了祥子的孩子，威胁祥子和她结婚。祥子只好听从她的摆布。

　　曹先生的社会主义言论引起侦探特务的注意，他只得远走避难。他让祥子回家送信，结果祥子被孙侦探敲诈勒去了他的全部积蓄，买车的计划又一次破产了。祥子没有别的路，只好又回到车厂。刘四爷不能容忍自己的女儿和臭拉车的勾搭，迫

使女儿做出抉择。虎妞坚持选择祥子，刘四爷就立即与虎妞闹翻，并把祥子撵出门去。虎妞要祥子向刘四爷告软服输，他不肯。于是虎妞索性自己租房子、雇花轿，嫁给了祥子。她用私房钱以低价给祥子买了邻居二强子的车。过了不久，虎妞真的怀孕了。祥子拼命拉车干活赚钱，劳累病倒，把虎妞的积蓄也用光了。二强子的女儿小福子也帮忙做点家务。最后虎妞由于难产死去了，为了置办虎妞丧事，祥子卖掉了车。小福子对祥子有情有义，祥子也很喜欢她，可负不起养她两个弟弟和一个醉爸爸的责任。他对小福子说："等我混好了，一定娶你。"之后，他又找了一个车厂去拉车了。曹先生避难回来，要祥子再来拉包月，还答应他把小福子接来同住。但小福子却已经被卖进妓院，后来自尽了。祥子在街上失魂落魄，终于完全堕落。他吃、喝、嫖、赌，还染上了淋病，而且变得又懒惰又滑头，还做出了出卖朋友的事。他没有回到曹先生家，最后给做红白喜事的人打杂来维持生计，祥子走到了自己的末日。

【文学成就】

《骆驼祥子》是老舍用同情的笔触描绘的一幕悲剧：二十年代的北京，一个勤劳、壮实的底层社会小人物怀着发家、奋斗的美好梦想，却最终为黑暗的暴风雨所吞噬。它揭示了当时"小人物"的奴隶心理和希望的最终破灭。随着祥子心爱的女人小福子的自杀，祥子熄灭了个人奋斗的最后一朵火花。这是旧中国老北京贫苦市民的命运之一。

祥子的一生，反映了 20 世纪 20 年代中国破产农民在"市民化"过程中的沉沦，因而祥子的悲剧不仅仅是他个人的悲剧，而是包含着更为深刻的文化和时代因素。作者带着对民族、文化的出路的关切来剖析了祥子的命运，既从传统文明中的积极因素出发批判现代畸形文明的负面效应，为传统美德的沦落而痛惜，又不满于祥子身上所积淀的民族文化的劣根性；既诅咒那个"把人变成鬼"的黑暗的社会和制度，又痛心于无知、愚昧的善良民众在病态的旧社会的堕落。

《骆驼祥子》在艺术上取得了很高的成就。小说以祥子为中心，以其在买车问题上的"奋斗、挣扎、幻灭"三起三落为主线，立体地展现了市民社会各阶层的生活画面，从而构成了一幅色彩鲜明的二十年代初北平市民社会的风俗画卷。严谨独特的艺术结构、鲜明生动的人物形象、幽默风趣的语言艺术、京味浓郁的地方色彩，共同构成了老舍小说创作独特的艺术风格。《骆驼祥子》以其鲜明的思想艺术特色，当之无愧地立于现代经典作品之林。

《骆驼祥子》在中国文学史上占有重要地位，"五四"以来的新作品多以描写知识分子与农民生活见长，而很少有描写城市贫民的作品。《骆驼祥子》的出现，打破了这种局面，拓展了新文学的表现范围，为新文学的发展做出了特殊贡献。

三、《边城》

【作者简介】

沈从文（1902年—1988年），原名沈岳焕，湖南凤凰县人，汉族（其父为汉族），但有部分苗族（沈从文祖母是苗族）和土家族（沈从文母亲是土家族）血统，现代著名作家、历史文物研究家、京派小说代表人物，笔名休芸芸、甲辰、上官碧、璇若等。14岁时，他投身军队，浪迹湘川黔边境地区；1924年开始文学创作；抗战爆发后到西南联大任教；1946年回到北京大学任教；新中国成立后在中国历史博物馆和中国社会科学院历史研究所工作，主要从事中国古代服饰的研究。1988年5月，沈从文因心脏病突发，在其北京寓所逝世。

【创作背景】

《边城》完成于1934年4月19日，是沈从文的代表作。关于这篇小说的创作动机，作者说："我要表现的本是一种'人生形式'，一种'优美、健康、自然，而又不悖乎人性的人生形式。我主意不在领导读者去桃源旅行，却想借助桃源上行七百里路酉水流域一个小城小市中几个愚夫俗子，被一件普通人事牵连在一处时，各人应得的一分哀乐，为人类'爱'字做一度恰如其分的说明。"《边城》全篇以翠翠的爱情悲剧作为线索，淋漓尽致地表现了湘西地方的风情美和人性美，表达了作者对童年故乡的赞美和眷恋之情。

1934年完成的《边城》，是"牧歌"式小说的代表，也是沈从文小说创作的一个高峰。

小说叙述的是湘西小镇一对相依为命的祖孙平凡宁静的人生，以及这份平凡宁静中难以抹去的寂寞和"淡淡的凄凉"。"由四川过湖南去，靠东有一条官路。这官路将近湘西边境，到了一个地方名叫茶峒的小山城时，有一条小溪，溪边有座白色小塔，塔下住了一户单独的人家。这家人只有一个老人，一个女孩子，一只黄狗。"小说在这种极其朴素而又娓娓动人的语调中开始叙述，一开篇就为我们展示了一个宁静古朴的湘西乡间景致。小说叙述了女主人公翠翠的一段朦胧而了无结局的爱情，但爱情却不是小说所要表现的全部。翠翠是母亲与一个士兵的私生子，其父母都为这不道德的、更是无望的爱情自我惩罚而先后离开人世。翠翠自打出生，她的生活中就只有爷爷、渡船和黄狗。沈从文用平淡的语言淡化了翠翠与爷爷孤独清贫的生活，却尽量展现他们与自然和乡人的和谐关系：近乎原始的单纯生活、淳朴自然的民风、善良敦厚的本性，与那温柔的河流、清凉的山风、满眼的翠竹、白日喧嚣夜里静谧的渡船一起，构成了一种像诗、像画、更像音乐的优美意境。

【内容梗概】

在川湘交界的茶峒附近，小溪白塔旁边，住着一户人家。独门独院里，只有爷爷老船夫和孙女翠翠两个人，还有一只颇通人性的黄狗。这一老一小便在渡船上悠然度日。茶峒城里有个船总叫顺顺，他是个洒脱大方，喜欢交朋结友，且慷慨助人的人。他只有两个儿子，老大叫天保，像他一样豪放豁达，不拘俗套小节。老二的气质则有些像他的母亲，不爱说话，秀拔出群，叫傩送。小城里的人提起他们三人的名字，没有不竖大拇指的。端午节翠翠去看龙舟赛，偶然相遇相貌英俊的青年水手傩送，傩送在翠翠的心里留下了深刻的印象。可巧的是，傩送的兄长天保也喜欢上了翠翠，并先傩送一步托媒人提了亲。兄弟两人都决定把话挑明了，于是老大就把心事全告诉了弟弟，说这份对翠翠的爱是两年前就已经植下根苗的。弟弟微笑着把话听下去，且告诉哥哥，他爱翠翠是三年前的事。然而此时，当地的团总以新磨坊为陪嫁，想把女儿许配给傩送。而傩送宁肯继承一条破船也要与翠翠成婚。爷爷自然是晓得孙女的心事，却让她自己做主。兄弟俩没有按照当地风俗以决斗论胜负，而是采用公平而浪漫的唱山歌的方式表达感情，让翠翠自己从中选择。傩送是唱歌好手，天保自知唱不过弟弟，心灰意冷，断然驾船远行做生意。碧溪边只听过一夜弟弟傩送的歌声。后来，歌声却没有再响起来。老船夫忍不住去问，本以为是老大

唱的，却得知，唱歌人是老二傩送，原来老大讲出实情后便去做生意了。几天后老船夫听说老大坐水船出了事，淹死了……码头的船总顺顺忘不了儿子死的原因，所以对老船夫变得冷淡。老船夫操心着孙女的心事，后终于耐不住去问，傩送却因天保的死十分责怪自己，很内疚，便自己下桃源去了。船总顺顺也不愿意翠翠再嫁给傩送当媳妇，毕竟天保是因她而死。老船夫只好郁闷地回到家，翠翠问他，他也没说起什么。夜里下了大雨，夹杂着吓人的雷声。爷爷说，翠翠莫怕，翠翠说不怕。两人便默默地躺在床上听那雨声雷声。第二天翠翠起来发现船已被冲走，屋后的白塔也冲塌了，翠翠吓得去找爷爷，却发现老人已在雷声将息时死去了……老军人杨马兵热心地前来陪伴翠翠，也以渡船为生，等待着傩送的归来。傩送也许永远不会回来了，也许"明天"就会回来。

【文学成就】

《边城》寄托着沈从文"美"与"爱"的美学理想，是他的作品中最能表现人性美的一部。

沈从文通过《边城》这部爱情悲剧，揭示了人物命运的神秘，赞美了边民淳良的心灵。《边城》以撑渡老人的外孙女翠翠与船总的两个儿子天保、傩送的爱情为线索，表达了对田园牧歌式生活的向往和追求。这种宁静的生活若和当时动荡的社会相对比，简直就是一块脱离滚滚尘寰的"世外桃源"。在这块世外桃源中生活的人们充满了原始的、内在的、本质的"爱"。

《边城》正是通过抒写青年男女之间的纯正情爱、祖孙之间的真挚亲爱、邻里之间的善良互爱来表现人性之美的。作者想要通过翠翠、傩送的爱情悲剧，去淡化现实的黑暗与痛苦，去讴歌一种古朴的象征着"爱"与"美"的人性与生活方式。翠翠与傩送这对互相深爱着对方的年轻人既没有海誓山盟、卿卿我我，也没有离经叛道的惊世骇俗之举，更没有充满铜臭味的金钱和权势交易，有的只是原始乡村孕育下的自然的男女之情。这种情感像阳光下的花朵一样，清新而健康。作者不仅对两个年轻人对待"爱"的方式给予热切的赞扬，而且也热情地讴歌了他们所体现出的

湘西人民行为的高尚和灵魂的美。《边城》是沈从文的代表作，展示给读者的是湘西世界和谐的生命形态。

作者以纯净的笔触谱写出一首爱与美之歌。湘西淳厚朴实的人情世态，健美古朴的风俗习惯，新奇幽雅的山光水色，情调爽朗明快，色彩绚丽清新，是一幅优美别致的风土人情画卷。而青年男女的情爱，父子祖孙间的亲爱，人民相互之间的友爱，以及自然万物之爱与湘西之美糅合在一起，了无痕迹地融入了全部故事情节和人物形象之中。

四、《倾城之恋》

【作者简介】

张爱玲（1920 年—1995 年），原名张煐，祖籍河北丰润，生于上海。1943 年，张爱玲开始发表作品，代表作有中篇小说《倾城之恋》《金锁记》，短篇小说《红玫瑰与白玫瑰》和散文《烬余录》等。1952 年，张爱玲离开上海，1955 年到美国，创作了英文多部小说。1969 年以后，张爱玲主要从事古典小说的研究，著有红学论集《红楼梦魇》。1995 年，张爱玲于美国病逝。其已出版作品有中短篇小说集《传奇》、散文集《流言》、散文小说合集《张看》以及长篇小说《十八春》、《赤地之恋》等。

【创作背景】

旧式大家庭是张爱玲本人最熟悉的场景，"深爱只是为了谋生"，这种冷酷的婚恋观，跟她的父母婚姻阴影有关。幼年的父母离异、家族的败落都给她的心灵造成极大的创伤。她从父母亲族身上，看到了更多旧式婚姻的苍凉。作品中的女性几乎很少是追求自身价值的强者，她们找不到自我的存在，也极少拥有过纯真浪漫的爱情。她们的爱情婚姻纯粹是谋生手段，是求生的筹码。她们清醒地知道自己是男人的附庸，是传宗接代的工具，所以就尽力利用男人的需求来谋求自己的利益。婚姻是双方权衡利益下的交易，在这场交易中，经济利益当然是主角。为了谋生而成家，婚姻也只是一种交易，这构成了女性苍凉的人生。她极力描写这种"废墟之爱"——无爱的婚姻。这种婚姻不是建立在爱的基础上，而是女性对生活做出的无奈抉择。因此可以说，在《倾城之恋》中，张爱玲虽然以白流苏得到婚姻这样圆满的结局作为收笔，但丝毫没有削弱小说的悲剧性，反而让人感到更加浓重。

【内容梗概】

故事发生在香港，上海来的白家小姐白流苏，经历了一次失败的婚姻，身无分文，在亲戚间备受冷嘲热讽，看尽世态炎凉。白流苏偶然认识了多金潇洒的单身汉范柳原，便拿自己当赌注，远赴香港，博取范柳原的爱情，要争取一个合法的婚姻地位。两个情场高手斗法的场地在浅水湾饭店，原本白流苏似是服输了，但在范柳原即将离开香港时，日军开始轰炸浅水湾，范柳原折回保护白流苏，在生死攸关时，两人才得以真心相见，许下天长地久的诺言。

【文学成就】

《倾城之恋》是一个动听的而又近人情的故事。作者用参差的对照的写法，描写了白流苏与范柳原的爱情故事。从腐旧的家庭里走出来的白流苏所要的是"经济上的安全"和一张长期的饭票，而范柳原的计划是要流苏做情妇而不是妻子。他们不但有各自的打算，还非常清楚对方的想法。这分明是一场因自私而畸形的交易，露骨的交易，也是一次爱情的战争。这场交易从一开始就是明显的男人占主动和支配地位，但战争的到来却改变了一切，香港的沦陷成全了流苏，使她成为赢家，成了名正言顺的范太太。

一场真实的战争打乱了爱情战争的秩序，在真正的战争面前，爱情的交易停止，爱情的战争也熄火了，当一切都要失去的时候，人与人的交流才变得真诚，彼此之间的爱情才除去了交易的色彩，相濡以沫，生死相依，炮火声中两人之间没有了精明的算计，反倒是抛却了自己全身心地念着对方。在什么都有的时候对爱情挑三拣四，甚至游戏爱情；在一切都没有了，生命也受到威胁的时候，却无私地爱了起来，张爱玲真是把人看透了。

所谓"倾城"，不是传统意义上的因相貌或仪态而产生的忘乎一切的爱情，却成了表述香港这座城市沦陷的状态。从这个词被恢复意义这点来看，张爱玲对现代爱情的描写本质上是对传统爱情尤其是传奇故事的颠覆。女人即使有了"倾国倾城"的美貌，也未必有使男人为之倾城的魅力；或者说，在现实社会中，很难有对女人

的美产生"倾城"感的男人，甚至从来就不曾有过，"传奇里的倾城倾国的人大抵如此"，全篇尾句正是这种思想的点睛之处。正是基于对人们这种平凡的世俗状态的认识，小说才自始至终在为本应成为传奇的故事进行改造或者说是还原，一切都符合日常生活的规律和逻辑，一切都是普通人应该做的、应该想的，从而消除了神话传奇的绝对性、纯粹性和崇高性。张爱玲让我们从爱情故事中更多的是看到世俗的功利与算计。

不可否认的是，相对于纯粹的、高尚的爱情，功利与算计更符合我们普通人的思维与行事逻辑，虽然我们都不愿承认。所以，张爱玲笔下刻画的人物更多的是平常人，写的都是些"庸人俗事"，在这里没有可歌可泣、荡气回肠的爱情，也不曾追问生命的意义、人生的价值，讲的尽是琐碎的生命、混沌的烦恼，这些人和事虽然很俗，但却很能勾起我们的共鸣，因为作为普通人，生活就是这样混乱的、易变的、现实的、随意的，在这些"庸人俗事"中，我们看到自己的影子，看到平凡生命的卑微可怜，悲喜不自知。作为普通人，生活更像是一种综合的协调，很难享受到那种纯粹的东西，更多的是在多种因素中寻找所谓的平衡。这种讨价还价的爱情不同于言情作品中的"轰轰烈烈、潇潇洒洒"，其背后是普通人生活的主旋律。

五、《城南旧事》

【作者简介】

林海音（1918年—2001年），原名林含英，小名英子，台湾作家，于1918年3月18日生于日本大阪，原籍台湾苗栗县头份镇。林海英3岁随父母返回台湾，5岁来到北京，度过了难忘的童年生活。25年后英子与夫君何凡扶着妈妈，携着三个孩子迁往台湾。在台湾仍以办报、办刊、写作、出版为主，她联络了大批在台湾的文化界人士，提携了大量台湾文学青年，出版了众多文学名作。林海音被称为"台湾文学的祖母级人物"，1998年荣获"终身成就奖"。

林海音的创作非常丰富，已出版的作品有：散文集《窗》《两地》《作客美国》《芸窗夜读》《剪影话文坛》《一家之主》《家住书坊边》，散文小说合集《冬青树》，短篇小说集《烛心》《婚姻的故事》《城南旧事》《绿藻与咸蛋》，长篇小说《春风》《晓云》《孟珠的旅程》，广播剧集《薇薇的周记》，以及《林海音自选集》《林海音童话集》。此外，还有许多文学评论、散文等，散见于台湾报刊。

林海音于2001年12月1日病逝于台北，享年83岁。

【创作背景】

《城南旧事》是林海音以其7岁到13岁的生活为背景创作的。在台湾被日本帝国主义侵占期间，林海音一家不甘在日寇铁蹄下生活，举家迁居北京，小英子即在北京长大。看见冬阳下的骆驼队走过来，听见缓慢悦耳的铃声，童年重临于作者心头。夏天过去，秋天过去，冬天又来了，骆驼队又来了，但是童年一去不还。作者因想念童年住在北京城南时的那些景色和人物，于是写了下来，让实际的童年过去，心灵的童年永存下来。这是林海音写这本小说的初衷。

【内容梗概】

20 世纪 20 年代末，六岁的小姑娘林英子住在北京城南的一条小胡同里。经常痴立在胡同口寻找女儿的"疯"女人秀贞，是英子的一个朋友。秀贞曾与一个大学生思康暗中相爱，后来思康回了老家，再也没回来。秀贞生下的女儿小桂子又被家人送到城墙根脚下，不知去向。英子对她非常同情。英子在不经意间发现妞儿的身世与小桂子极其相似，又发现她脖颈后的青记，急忙带她去找秀贞。秀贞与离散六年的女儿相认后，立刻带妞儿去找寻爸爸。但最终在赶火车时母女二人一同丧命于火车下。为此，英子发着高烧，昏迷了十天，差点丢了性命。后来英子一家迁居新帘子胡同。英子又在附近的荒园中认识了一个厚嘴唇的年轻人。他为了供给弟弟上学，不得不去偷东西。英子觉得他很善良，但又分不清他是好人还是坏人。不久，英子在荒草地上捡到一个小铜佛，被便衣警察发现，带巡警来抓走了这个年轻人，这件事使英子非常难过。后来，兰姨娘来到英子家，英子发现爸爸对兰姨娘的态度不对，英子想了一个办法，把兰姨娘介绍给德先叔，后来他们俩相爱，最后他们一起乘马车走了。英子九岁那年，她的奶妈宋妈的丈夫来到林家。英子得知宋妈的儿子两年前被淹死，女儿也被丈夫送给了一对没有儿女的骑三轮的夫妇，心里十分伤心，不明白宋妈为什么撇下自己的孩子不管，来伺候别人。后来，宋妈被她丈夫用小毛驴接走了，英子的爸爸也因肺病去世。英子因为爸爸的离开，体会到了自己的责任，觉得自己长大了。

【文学成就】

《城南旧事》描写了 20 世纪 20 年代末北京城南一座四合院里一家普通人的生活，通过小姑娘英子童稚的眼睛，来看当时北京形形色色和许许多多的人和事，文章中的人物最后都离小英子而去，表达了告别童年的悲伤和怀念的情感。向世人展现了大人世界的悲欢离合，有种说不出的天真，却道尽人世复杂的情感。通过看似狭小的描写，却反映了当时北京的整个历史面貌，带领人们重温了那笼罩着愁云惨雾的生活，有极强的社会意义。小英子作为一个主要人物出现在文章中，当她发现大人们的良好愿望与现实之间存在着巨大反差时，她天真善良的幼小心灵就愈发显得孱弱，缠绕在文章中那种无往不复的悲剧轮回也就更加令人触目和深省，这也正是该小说显得丰富厚重的关键之处。

以现时的角度来观察，《城南旧事》中所描绘的事件大多是时代造成的悲剧，书中的人物各有各的痛楚。封建伦理道德逼疯了秀贞，小偷、兰姨娘、宋妈也有各自的血泪史，然而从整个文本来说，其主旨并非是对旧制度的控诉，而是以一个纯真的少女的童心折射出这些底层不幸人物的人性光辉。文章极力淡化善恶标准，以欢乐的童心对待现实的丑陋，在沉重的现实中保留一片自由快乐的天空。可以说，小英子打开了成人世界所忽视的视角，这个视角是以质朴、单纯、善良的心去待人处事，勾起了纯真的年代，令人感叹良多。整部作品始终贯穿着对成长内涵的诠释，对童年美好生活的依恋，但这些却敌不过现实的变化。

六、《围城》

【作者简介】

钱钟书（1910 年—1998 年），江苏无锡人，原名仰先，字哲良，后改名钟书，字默存，号槐聚，曾用笔名中书君，中国现代作家、文学研究家。

钱钟书 1929 年考入清华大学外文系，1937 年以《十七十八世纪英国文学中的中国》一文获牛津大学艾克赛特学院学士学位。1941 年完成《谈艺录》《写在人生边上》的写作。1947 年出版长篇小说《围城》，1958 年出版《宋诗选注》，1976 年参与翻译的《毛泽东诗词》英译本正式出版，1982 年出版《管锥编增订》。1998 年 12 月 19 日上午 7 时 38 分，钱钟书先生因病在北京逝世，享年 88 岁。

【创作背景】

《围城》是钱钟书于 1944 年动笔，1946 年完成的长篇小说。在《围城》初版的序言里作者曾自述创作意图说："我想写现代的某一部分社会，某一类人物。"由此可见，其着意表现的是现代中国上层知识分子的众生相。通过主人公方鸿渐与几位知识女性的情感、婚恋纠葛，通过方鸿渐由上海到内地的一路遭遇，《围城》以喜剧性的讽刺笔调，刻画了抗战环境下中国一部分知识分子的彷徨和空虚。作者借小说人物之口解释"围城"的题义，即：这是从法国的一句谚语中引申而来的，即"被围困的城堡"，"城外的人想冲进来，城里的人想逃出来"。小说的整个情节是知识界青年男女在爱情纠葛中的围困与逃离；而在更深的层次上，则是表现一部分知识者陷入精神"围城"的境遇，这正是《围城》主题的深刻之处。

【内容梗概】

《围城》故事发生于 1920 到 1940 年，主人公方鸿渐是个从中国南方乡绅家庭走出的青年人，迫于家庭压力与同乡周家女子定亲。但在其上大学期间，周氏患病早亡，准岳父周先生被方鸿渐所写的唁电感动，资助他出国求学。方鸿渐在欧洲游学期间，不理学业。为了给家人一个交代，他于毕业前购买了虚构的"克莱登大学"的博士学位证书，并随海外学成的学生回国。在船上他与留学生鲍小姐相识并热恋，但随后却被鲍小姐欺骗感情。同时，他也遇见了大学同学苏文纨。到达上海后，方鸿渐在已故未婚妻父亲周先生开办的银行任职。此时，方鸿渐获得了同学苏文纨的青睐，之后又与苏文纨的表妹唐晓芙一见钟情，整日周旋于苏、唐二人之间。期间，他还结识了追求苏文纨的赵辛楣。最终方鸿渐与苏、唐二人感情终结，苏嫁给诗人曹元朗，而赵辛楣也明白方鸿渐并非其情敌，从此与方惺惺相惜。方鸿渐逐渐与周家不和，抗战开始，方家逃难至上海的租界。在赵辛楣的引荐下，方鸿渐与赵辛楣、孙柔嘉、顾尔谦、李梅亭几人同赴位于内地的三闾大学任教。由于方鸿渐性格等方面的弱点，陷入了复杂的人际纠纷当中。后来方鸿渐与孙柔嘉订婚，并离开三闾大学回到上海。在赵辛楣的帮助下，方鸿渐在一家报馆任职，与孙柔嘉结婚。婚后，方鸿渐夫妇与方家、孙柔嘉姑母家的矛盾暴露并不断激化。之后，方鸿渐辞职并与孙柔嘉吵翻，逐渐失去了生活的希望。

【文学成就】

《围城》并不仅仅是一部爱情小说，它的内容是多方面的，它的主题和象征是多层次的。

"围城"的象征源自书中人物对话中引用的外国谚语："结婚仿佛金漆的鸟笼，笼子外面的鸟想住进去，笼内的鸟想飞出来；所以结而离，离而结，没有了局。"又说像"被围困的城堡，城外的人想冲进去，城里的人想逃出来"。但如果仅仅局限于婚姻来谈"围城"困境，显然不是钱钟书的本意。"围城"困境是贯穿于人生各个层次。后来方鸿渐又重提此事，并评论道："我近来对人生万事，都有这个感想。"

这就是点题之笔。钱钟书在全书安排了许多变奏，使得"围城"的象征意义超越了婚姻层次，形成了多声部的共鸣。

《围城》从"围城"这个比喻开始，淋漓尽致地表现了人类的"围城"困境：不断的追求和对所追求到的成功的随之而来的不满足和厌烦，两者之间的矛盾和转换，其间交织着的希望与失望，欢乐与痛苦，执着与动摇——这一切构成的人生万事。"围城"困境告诉我们："人生追求的结果很可能是虚妄的"，这看起来好像很有点悲观，但却是个严肃的问题，热忱深埋在冷静之下，一如钱钟书本人的一生。他揭穿了追求终极理想、终极目的的虚妄，这就有可能使追求的过程不再仅仅成为一种手段，而使它本身的重要意义得以被认识和承认，使我们明白追求与希望的无止境而义无反顾，不再堕入虚无。

《围城》属于日常生存状态小说类型，其讽刺矛头主要指向知识分子日常生活中普遍存在的虚荣心与庸碌无为。《围城》所揭示的人类虚荣心有着不同的类型和不同的程度。虚伪属于个别人的劣迹，虚荣则是人类共同的弱点，在这部小说中，就连西方哲人都不例外，平庸者表现得则更为突出。由于所参照的是超越时代、超越普通人的一种带有某种学术乌托邦性质的更高标准，作者对于生活中和自己笔下人物的态度，均为一种居高临下的审视，作品在轻松幽默的表层下隐含着忧愤之情，也表现出一种形而上的悲悯。钱钟书的"忧世伤生"针对的不是具体的"国"与"民"，而是整个人类及人性本身。就主题的丰富复杂、人物塑造的生动、人性揭示的深刻，以及艺术表现的细腻成熟而言，《围城》当居中国现代小说一流作品之列。

七、《平凡的世界》

【作者简介】

路遥（1949 年—1992 年），陕西清涧人，中国当代著名作家。其作品多以农村题材为主，对农村和城市交叉地带发生的人和事有深刻的反映，被称之为"用生命写出的作品"。其写出了人生的真谛，告诉人们要敢于面对艰难的环境，用双手来创造和体验生命。其代表作有《人生》《平凡的世界》《早晨从中午开始》等。

【创作背景】

《平凡的世界》是路遥从 1975 年开始创作的，于 1988 年 5 月完稿。20 世纪 80 年代中后期的文化背景是各种文学新思潮风起云涌，现代派、意识流等文学观念风靡一时，文学创作在形式和技巧上的求变求新令人目不暇接。与此相反，传统现实主义创作却受到"冷落"。甚至有批评家认为，路遥的另一部小说《人生》的现实主义创作手法是落伍的，但路遥仍然坚持创作，完成了这部小说。

【内容梗概】

《平凡的世界》以农村题材为主，通过对年轻人生活的描述，反映了新生活中一代年轻人的价值观。它是一部现实主义小说，也是一部小说形式的家族史。作者浓缩了中国西北农村的历史变迁过程，在小说中全景式地表现了中国当代城乡的社会生活。

《平凡的世界》时间跨度从 1975 年到 1985 年，全景式地反映了中国近 10 年间城乡社会生活的巨大历史性变迁。作者以孙少安和孙少平两兄弟为中心，以整个社会的变迁与思想的转型为背景，通过复杂的矛盾纠葛，刻画了社会各阶层普通人们的形象，成功地塑造了孙少安和孙少平这些为生活默默承受着人生苦难的人们，深

刻地显示了普通人在大时代历史进程中所走过的艰难曲折的道路。在这里人性的自尊、自强与自信，人生的苦难与拼搏，劳动与爱情，挫折与追求，痛苦与欢乐，日常生活与巨大社会冲突，纷繁地交织在一起，读来令人荡气回肠，不忍释卷。而书中最引人感动的，还是孙氏兄弟不甘沦为命运的玩偶，在沉重的生活中不断发掘自己被禁锢的价值，自强不息奋斗的命运主旋律。

第一部

1975 年初，农民子弟孙少平到原西县高中读书，他贫困而倔强；后对处境相同的地主家庭出身的郝红梅产生情愫，被侯玉英发现并当众说破后，孙少平与郝红梅关系渐变恶劣。后来郝红梅却与家境优越的顾养民恋爱。少平高中毕业后，回到家乡做了一名教师。但他并没有消沉，并与县革委副主任田福军女儿田晓霞建立了友情。在晓霞帮助下，少平开始关注外部世界。少平的哥哥少安一直在家劳动，与村支书田福堂女儿润叶青梅竹马，却遭到田福堂反对。经过痛苦的煎熬，少安到山西与勤劳善良的秀莲相爱并结婚，润叶也只得含泪与向前结婚。这时农村生活混乱，旱灾又火上加油，田福堂为加强自己威信，组织偷挖河坝与上游抢水，不料出了人命，为了"学大寨"，他好大喜功炸山修田叫人搬家又弄得天怒人怨。

第二部

1979 年春，十一届三中全会后矛盾重重，田福堂连夜召开支部会抵制责任制，孙少安却领导第一生产队率先在全村推广责任制。头脑灵活的少安又进城拉砖，用赚的钱建窑烧砖（大部分为贷款），成了公社的"冒尖户"。少平青春的梦想和追求也激励着他到外面去闯荡，他从漂泊的揽工汉成为正式的建筑工人，最后又获得了当煤矿工人的好机遇。他的女友晓霞从师专毕业后到省报当了记者，他们相约两年后再相会。润叶远离她不爱的丈夫到团地委工作，引起痴心的丈夫酒后开车致残，润叶感到内疚回到丈夫身边，开始幸福生活。她的弟弟润生也已长大成人，他在异乡与命运坎坷的郝红梅邂逅，两人终于结为夫妻。往昔主宰全村命运的强人田福堂，不仅对新时期的变革抵触，同时也为女儿、儿子的婚事窝火，加上病魔缠身，弄得

焦头烂额。

第三部

1982 年，孙少平到了煤矿，尽心尽力干活，从学生成了一名优秀工人。可是，就在孙少平与田晓霞产生强烈感情的时候，田晓霞却因在抗洪采访中为抢救灾民光荣牺牲了，后来田福军给孙少平发了封电报，少平悲痛不已。少安的砖窑也有了很大发展，他决定贷款扩建机器制砖，不料因技师根本不懂技术，砖窑蒙受很大损失，后来在朋友和县长的帮助下再度奋起，通过几番努力，终于成了当地社会主义建设的领头人。但是祸不单行，少安的妻子秀莲，在欢庆由他家出资一万五千元扩建的小学会上口吐鲜血，之后被确诊患了肺癌。润叶生活幸福，生了个胖儿子。润生和郝红梅的婚事也终于得到了父母的承认，并生下了可爱的女儿。27 岁的少平在一次事故中为救护徒弟也受了重伤，英俊面容尽毁，却遇少时玩伴金波之妹的告白，少平为她的前途与自己的感情选择拒绝。少平并没有被不幸压垮，他从医院出来后，面对了现实，又充满信心地回到了矿山，迎接他新的生活与挑战。

【文学成就】

《平凡的世界》是路遥给中国文学创造的神话，作者笔下的人物栩栩如生地活在我们中间，并且还打开一扇精神世界的大门，人生格局就此变得开阔与宽容、坚硬又柔软。

《平凡的世界》是用温暖的现实主义的方式来讴歌普通劳动者的文学作品。与《人生》相比，《平凡的世界》更具有人性的高度，作家把苦难转化为一种前行的精神动力。描写苦难的新时期作家很多，但真正把苦难转化为一种精神动力的作家却很少，路遥当属其中之一。这部小说在展示普通小人物艰难生存境遇的同时，极力书写了他们克服重重困难的美好心灵与坚韧不拔的奋斗精神。作品中的主人公孙少安、孙少平是挣扎在贫困线上的青年人，但他们自强不息，依靠自己的顽强毅力与命运抗争，追求自我的道德完善。其中，孙少安是立足于乡土，矢志改变命运的奋斗者；而孙少平是拥有现代文明知识，渴望融入城市的"出走者"。他们的故事构成了中

国社会的普通人的人生奋斗的两极经验。

《平凡的世界》还传达出一种温暖的情怀。一是作者对作品中的人物寄予了同情心，对普通百姓的生活方式做到了极大的尊重和认同。二是作品处处展现温暖的亲情与友情，是一部温暖人心的小说。小说中有大量关于人间亲情的描写，其中最典型的莫过于孙玉厚一家了。三是作品中的爱情写得很美，被赋予无比美好的内涵和想象空间，如孙少平和田晓霞在杜梨树下近乎柏拉图式的恋爱，就写得很纯美，让人感动。

《平凡的世界》是茅盾文学奖皇冠上的明珠，是激励千万青年奋斗的不朽经典，是最受老师和学生喜爱的新课标必读书。路遥获得了这个世界里数以亿计的普通人的尊敬和崇拜，他沟通了这个世界的人们和地球人类的情感。这部小说所传达出的精神内涵，正是对中华民族千百年来"自强不息，厚德载物"精神传统的自觉继承。这样的小说对底层奋斗者而言，无疑具有"灯塔效应"。

八、《活着》

【作者简介】

余华,浙江海盐人,1960 年出生于浙江杭州,后来随父母迁居海盐县。中学毕业后,因父母为医生关系,余华曾当过牙医,五年后弃医从文,进入县文化馆和嘉兴文联,从此与创作结下不解之缘。余华曾在北京鲁迅文学院与北京师范大学中文系合办的研究生班深造。余华在 1984 年开始发表小说,是中国大陆先锋派小说的代表人物,与叶兆言和苏童等人齐名。其作品被翻译成英文、法文、德文、俄文、意大利文、荷兰文、挪威文、韩文和日文等多种语言在国外出版。其中《活着》和《许三观卖血记》同时入选百位批评家和文学编辑评选的"九十年代最具有影响的十部作品"。其作品有短篇小说集《十八岁出门远行》《世事如烟》,长篇小说《活着》《在细雨中呼喊》《许三观卖血记》等。另外他也写了不少散文与文学音乐评论。

【内容梗概】

地主少爷富贵嗜赌成性,终于赌光了家业而一贫如洗,穷困之中的富贵因为母亲生病前去求医,没想到半路上被国民党部队抓壮丁,后被解放军所俘虏,回到家乡后他才知道母亲已经去世,妻子家珍含辛茹苦带大了一双儿女,但女儿不幸变成了聋哑人,儿子机灵活泼。然而,真正的悲剧从此才开始渐次上演,因为生命里难得的温情被一次次死亡撕扯得粉碎,只剩得老了的富贵伴随着一头老牛在阳光下回忆。

【创作背景】

余华听到一首美国民歌《老黑奴》,歌中那位老黑奴经历了一生的苦难,家人都先他而去,而他依然友好地对待这个世界,没有一句抱怨地活着。这首歌深深地

打动了作者，作者决定写下一篇这样的小说，于是就有了 1992 年的这本写人对苦难的承受能力，对世界乐观的态度的《活着》。

【文学成就】

《活着》是先锋小说作家余华在 20 世纪 90 年代很具影响力的一部长篇小说，是一部以先锋精神与中国沉重的乡村现实相结合的作品，也是余华创作由冷漠血腥转向温情的转型代表作。

在《活着》中，作者摒除了一切知识分子的叙事语调，摒除了一切过度抽象的隐喻性话语，也摒除了一切鲜明的价值判断式的表达，而将话语基调严格地建立在福贵的农民式生存背景上。作者向人们讲述了一个人与他生命之间的友情以及一个人如何去不死。对于如此沉重的话题和如此重大的苦难，作品中的叙述者用平静得几乎轻描淡写的语气来述说。苦难是在一种达观知足的状态下承受下来的，这样用温情来表达苦难的语言让读者感受到一种静穆。《活着》整体上的叙述风格和叙事语言很好地表现了作品苦难和温情的主题。

《活着》这部作品的语言风格在余华的整体创作中呈现出一种过渡的形态，他的前期作品中的人物只是作者叙事的符号，人物形象大都飘忽朦胧，捉摸不定。人物对话也很少，即使有也多为书面化语气，带有很强的作者主观态度，缺乏个性化色彩，不具有独立的品格和地位。《活着》中主人公福贵的语言是最具特色的，福贵一生中有多种身份的变化，在不同的环境与不同的时期他都有自己的语言。正是这些富有特色的语言塑造出了典型环境中的典型形象以及典型形象的典型性格。

《活着》中通过多处细节描写表达了人物细腻的感情。书中俯拾皆是的细节抓住了人物的内心和深层意识，引起读者真正的感动。

九、《狼图腾》

【作者简介】

姜戎，原名吕嘉民，生于1946年，北京人。姜戎1967年自愿赴内蒙古额仑草原插队，1978年返城，1979年考入社科院研究生院。其作品《狼图腾》1971年起腹稿于内蒙古锡盟东乌珠穆沁草原，1997年初稿于北京，2003年岁末定稿于北京，2004年4月正式出版。

【创作背景】

作者于1967年响应号召来到内蒙古锡林郭勒盟东乌珠穆沁旗插队成为知青，在内蒙古大草原生活了11年，见证了草原由盛转衰的过程和农耕义化与游牧义化的冲突。其目睹了原始草原的自然风貌，也目睹了草原的毁灭和整个游牧文明的毁坏。出于对草原的热爱和怀念，作者根据自身经历创作了半自传体性质的小说《狼图腾》。

【内容梗概】

1967年，北京知青陈阵和杨克响应国家上山下乡的号召，从北京来到了内蒙古额仑大草原插队。在大草原上，他们结识了蒙古族牧民毕利格一家，也见识到了草原上最令人敬畏的动物：狼。在与狼群的接触过程中，陈阵对这一物种有了强烈的兴趣，甚至有了想自己养一只小狼的念头。就在此时，一群外来人贪婪地掠夺了狼群储存过冬的黄羊，打破了狼群和牧民之间的生态平衡。而以场部主任包顺贵为首的生产队员更是发起了一场灭狼运动，让狼群和人类之间的关系到了剑拔弩张的地步。在此过程中，陈阵体会到了草原人民对狼的崇拜之情，并且发现了狼睿智坚毅的品质。最终，草原上的牧民结束了游牧生活，草原沙化严重，狼也基本消失。

【文学成就】

　　《狼图腾》是迄今为止世界上第一部以狼为叙事主体的小说。《狼图腾》中的狼，以一种颠覆传统的全新形象冲击着我们的视野。它们强悍、智慧、温情，甚至为了自由与尊严以命相拼。《狼图腾》生动地揭示了草原万物生态的内在联系，尤其是狼对整个草原和生态的巨大贡献。《狼图腾》带给读者的强烈震撼还在于它的文化学术价值。作品中在所有的狼故事或者与狼有关的故事中，始终贯穿着作者对草原文明与农耕文明的优劣比较。作者以一种全新的历史视角，以"狼图腾"为精神线索，对几千年的中华文明史进行了全新的梳理，提出中华民族信奉的"龙图腾"极有可能源于游牧民族的"狼图腾"的惊世骇俗之说。作者认为正是由于历史上游牧民族强悍进取的狼精神不断为汉民族输血，中华文明才得以发展且从未中断。

　　《狼图腾》成为 21 世纪初一个标志性的文化现象，引发了传播与中国国民性格改造关系的理论思考。《狼图腾》运用"狼性"与"羊性"两组对立的民族性格划分方式，解释了中国历史兴衰王朝更替的内在逻辑，蕴含着某些合理性和深刻性，但是也存在简单化等问题。中国国民性格改造可以汲取"狼性"中的积极成分，在加强强悍勇武、锐意进取、冒险竞争、抱团合作类型的性格之外，还是要继续发扬中华民族传统的优秀性格特质，还要积极学习吸收其他民族的优秀性格品质。中国真正需要的一定不是让世界轻视的，也一定不是让世界畏惧的，而是让自己有尊严、让世界尊敬的民族性格，这才会引领中国走上一条持续长久的和平崛起的道路。

十、《尘埃落定》

【作者简介】

阿来，藏族，1959 年生于四川西北部藏区马尔康县，当代著名作家、茅盾文学奖史上最年轻的获奖者、四川省作协主席、成都《科幻世界》杂志社社长。

阿来于 1982 年开始诗歌创作，80 年代中后期转向小说创作。其主要作品有：诗集《棱磨河》，小说集《旧年的血迹》《月光下的银匠》，长篇小说《尘埃落定》《空山》，长篇地理散文《大地的阶梯》，散文集《就这样日益在丰盈》。1998 年出版的《尘埃落定》是其第一部长篇小说，于 2000 年荣获第五届茅盾文学奖。

【创作背景】

1989 年阿来 30 岁，他怀着满腔激情，走出家门，翻越雪山，漫游在若尔盖大草原。这次激情行走，成为他创作上的转折点。两个月后，阿来回来，开始写小说，这是洗礼之后的重新开始，他开始了长篇小说的创作。阿来回忆说："那一年的 5 月，我坐在窗前，面对着不远处山坡上一片嫩绿的白桦林，听见从村子里传来的杜鹃啼鸣声……我打开电脑，多年来在对地方史的关注中积累起来的点点滴滴，忽然在那一刻呈现出一种隐约而又生机勃勃、含义丰富的面貌。于是，《尘埃落定》的第一行字便落在屏幕上了……那是一种自然的流淌。"5 个月后长篇小说《尘埃落定》写完了。然后，冬天来到了，霜下来了，雪下来了，小说里的世界以及阿来的内心像那片白桦林一样，经历了生命的冲动与喧嚣，复归于寂静。阿来经受了一次隆重的精神洗礼，这次漫游是对自己的精神嘉奖，正如他说："这部小说是从宣泄的诗行中演变而来的。"

【内容梗概】

在 20 世纪 40 年代的四川阿坝地区，当地的藏族人民被十八家土族统治着，麦琪土司便是其中之一。老麦琪土司有两个儿子，大少爷为藏族太太所生，英武剽悍、聪明勇敢，被视为当地的土司继承人；二少爷为被土司抢来的汉族太太酒后所生，天生愚钝、憨痴呆傻，很早就被排除在权力继承之外，成天混迹于丫环娃子的队伍之中，耳闻目睹着奴隶们的悲欢离合。麦琪土司在国民政府黄特派员的指点下在领地上遍种罂粟，之后贩卖鸦片，很快暴富，并迅速组建了一支实力强大的武装力量，成为土司中的霸主。眼见麦琪家因鸦片致富，其余的土司用尽心计，各施手段盗得罂粟种子并广泛播种，麦琪家的傻少爷却鬼使神差地建议改种麦子，于是在高原地区漫山遍野罂粟花的海洋里，麦琪家的青青麦苗倔强地生长着。是年内地大旱，粮食颗粒无收，而鸦片供过于求，价格大跌。阿坝地区笼罩在饥荒和死亡阴影下，大批饥民投奔到麦琪麾下，使得麦琪家族的领地和人口达到空前的规模。傻子少爷也由此得到了女土司茸贡的漂亮女儿塔娜爱慕，并深深地爱上了她。就在各路土司日坐愁城，身临绝境之时，却传来二少爷开仓卖粮，公平交易的喜讯。各路土司云集在二少爷的官寨举杯相庆、铸剑为犁。很快在二少爷的官寨旁边出现了几顶帐篷，进而是一片帐篷，酒肆客栈、商店铺门、歌榭勾栏、甚至妓馆春楼，应有尽有。在黄师爷（当年的黄特派员）的建议下，二少爷逐步建立了税收体制，开办了钱庄，在古老封闭的阿坝地区第一次出现了一个具有现代意义的商业集镇雏形。二少爷回到麦琪土司官寨，受到英雄般的欢呼，但在欢迎的盛会上，却有大少爷那令人不寒而栗的阴毒目光。一场家庭内部关于继承权的腥风血雨又悄然拉开了帷幕。终于，在解放军进剿国民党残部的隆隆炮声中，麦琪家的官寨坍塌了，纷争、仇杀消失了，一个旧的世界终于尘埃落定。

【文学成就】

一个声势显赫的康巴藏族土司，在酒后和汉族太太生了一个傻瓜儿子。这个人人都认定的傻子与现实生活格格不入，却有着超时代的预感和举止，成为土司制度兴衰的见证人。小说的故事情节精彩曲折，作者以饱含激情的笔墨与超然物外的审视目光，展现了浓郁的民族风情和土司制度的浪漫秘密。这是藏族青年作家阿来的长篇小说《尘埃落定》，于 2000 年荣获第五届茅盾文学奖的原因。评委认为这部小说视角独特，"有丰厚的藏族文化意蕴，轻淡的一层魔幻色彩增强了艺术表现开合的力度"，其语言"轻巧而富有魅力"，充满灵动的诗意，显示了作者出色的艺术才华。《尘埃落定》给中国文学史上带来了一个巨大的惊喜，它带来了一股清新的风，让人领略到了藏族文化的奇妙和丰富。

在具有民族特色和浓烈神秘色彩的故事中，作者还采用了"傻子"这一独特的叙事视角，以此对非理性领域进行了探讨，从而使"傻子"赋予了哲学意味。

十一、《少年天子》

【作者简介】

凌力，本名曾黎力，籍贯江西于都，1942 年生于延安，在黄土高原上度过了她的童年。凌力自幼喜爱文学、历史，却考进了军事工程学院，从事导弹工程技术工作 12 年后，终于回到历史的研究和文学创作。自 1980 年起，其陆续发表长篇历史小说《星星草》《少年天子》《倾城倾国》《暮鼓晨钟——少年康熙》及《梦断关河》。其中《少年天子》获第三届茅盾文学奖，《梦断关河》获首届老舍文学奖、北京市文学艺术奖和首届姚雪垠长篇历史小说奖。

【内容梗概】

《少年天子》描写了大清入关后第一个皇帝顺治的一系列政治改革及他与皇贵妃乌云珠的爱情故事。同时，也描写了围绕着汉化改革所产生的一系列矛盾斗争。皇太极去世后，6 岁的顺治继位成为大清入关后的第一位皇帝。顺治是位有理想有抱负的皇帝。为了摆脱满族游牧民族落后的生产力水平，提高人民的素质，顺治潜心钻研汉族的文化来丰富自己，巩固大清江山。但刚刚入关的满族并不能脱离原来民族的一些野蛮的习惯，与顺治帝的一系列改革产生矛盾，最后导致几度亲王的政变，政变未果，顺治帝后染上天花命归黄泉。入关后，由于多年的操劳，顺治帝的母亲庄太后身体有所不适，顺治帝的弟妇襄亲王妃进宫伺候。随后顺治帝与乌云珠一见钟情，双方都为对方的文采风度所倾倒，但这种感情只能埋在心中。

乌云珠美丽端庄，温柔又识大体，深得庄太后喜爱，太后认其为义女。在为庄太后办圣寿节时，顺治帝想借寿宴之机接近乌云珠。开宴后他与乌云珠进行了试探性长谈，庄太后完全明白儿子的心思，她没有阻止。但在福临与乌云珠终于冲破束缚私自结合后，庄太后身为皇太后要维护满洲内部的团结；身为母亲她不愿儿子承受失德的罪名终于阻止他们的来往，致使福临重病不起，最后庄太后终于冒天下之大不韪成全了乌云珠与福临的爱情。襄亲王病死后，顺治马上册封乌云珠为贤妃，后又晋为皇贵妃入主承乾宫。在爱情成功后，顺治帝政治上面对一系列矛盾及其要推行的一系列的改革。顺治为了使军民百姓能平安生活，停止了圈地法令，使流离失所的汉民回到了家园。乌云珠入宫后，官内的矛盾给她很大压力，皇后、康妃、谨贵人、淑惠妃对她都有敌意，后宫生活也波折不断。

之后不久，乌云珠病死，给福临很大打击。福临采取的一系列政治改革，触怒了满族王公大臣，他们认为福临败坏祖业要废掉他。以简亲王济度为首要在福临狩猎时废掉他，福临知道此事后，政变未果，虽然政变没成功，福临却已经心灰意冷了，他没有心思再治理这个国家，产生了强烈的出家愿望，终于落了发成了一位无发的皇帝。大清的江山已经基本稳固，郑成功也失败了，福临像一只上满弦的弓突然弦松了一样，染上天花一病不起。最后庄太后扶持玄烨登上了皇位，康熙登基，开启了另一个朝代。

【文学成就】

《少年天子》是一部描写清朝入关后第一代皇帝顺治帝政治生涯与爱情生活的长篇历史小说。小说出版后曾获第三届茅盾文学奖。《少年天子》就其语言的流畅与精美、结构的自然与严谨、情节的生动与变化、人物的丰富与复杂而言，都堪称历史小说的艺术精品。这部几达五十万字的长篇小说，一次次地把作品的内容推向艺术的高潮，始终抓住读者不断地注入新鲜感并赋予其内在的紧张性，巧妙地完成了其思想与艺术的和谐统一。

本书被译为英、法等多种文字，并与 2003 年搬上荧屏，极受观众喜爱。

十二、《穆斯林的葬礼》

【作者简介】

霍达，生于1945年11月26日，回族，北京人，国家一级作家。霍达于1976年开始发表文学作品，发表了第一部小说《不要忘记她》，1987年创作长篇小说《穆斯林的葬礼》，该作于1991年获得茅盾文学奖。

霍达曾任全国政协委员、中国少数民族作家学会副会长、中华文学基金会理事、《港澳百科全书》编委、开罗国际电影节评委；曾参加美国爱荷华国际写作中心，并先后赴英、法、俄、日等十余国及我国港台地区进行学术交流。其代表作有《穆斯林的葬礼》《红尘》《万家忧乐》等，并多次斩获文学各种奖项。

【创作背景】

《穆斯林的葬礼》正是着眼于伊斯兰文化与中国传统文化的交融冲突，在中国社会和世界格局的大历史背景下，以小见大，通过讲述一个穆斯林家族六十年间的兴衰，三代人命运的沉浮以及在不同时代有着不同内容却又交错扭结的爱情悲剧，融宗教信仰与现实生活，传统文化与现代文化，人性之美与价值之美于一体，折射了在漫长的历史进程中，回族既有保持其阿拉伯民族的文化渊源的一面，又有与汉文化相互渗透、相互融合的一面。

【内容梗概】

小说通过写一个穆斯林家族三代人半个多世纪的生活，歌颂了回族人民自强不息的民族性格。古都京华老字号玉器行"奇珍斋"的主人梁亦清，原是回族低层的琢玉艺人，他家有两个女儿，长女君璧长于心计，次女冰玉娇小任性。一天有位长者带着一名少年去麦加朝圣路过梁家，少年被精美玉器所吸引，决定留下当学徒，这就是本书主人公韩子奇。师徒两人为一件订货劳作，这是专做洋人买卖的"汇远斋"定做的"郑和航海船"。郑和是回族的英雄，他们决心做好这件光耀民族精神的作品，三年的精雕细刻将在中秋佳节完成。不料梁亦清突然晕倒在转动着的玉坨上，宝船被毁，人也丧命。为了抵债，韩子奇到"汇远斋"当了学徒，苦熬三年终成行家。他回到"奇珍斋"娶了梁亦清的长女君璧，决心重振家业。十年之后，韩子奇名冠京华，又得贵子，取名天星，幸福度日。可是日寇侵华战争爆发，韩子奇担心玉器珍品被毁，随英商亨特来到伦敦。妻妹冰玉不顾姐姐反对，偷出家门执意随姐夫远行。在伦敦冰玉拒绝了亨特之子奥立佛的爱，而奥立佛也在伦敦大轰炸中不幸丧生。韩子奇与梁冰玉在海外相依为命十年，痴男怨女终于结合并生下女儿新月。战后一同回国，姐姐收留新月为自己的女儿，冰玉远走他乡。新月逐渐长大成人，以优异成绩考上北京大学外语系。上学后与班主任楚雁潮发生爱情，因楚系汉族，为梁家反对，他们的爱情却在阻挠中愈加炽热。可是红颜薄命，新月因严重心脏病不幸逝世，楚雁潮悲痛欲绝。

【文学成就】

《穆斯林的葬礼》以独特的视角、真挚的情感、丰厚的容量、深刻的内涵、冷峻的文笔，宏观地回顾了中国穆斯林漫长而艰难的足迹，揭示了他们在华夏文化与穆斯林文化的撞击和融合中独特的心理结构，以及在政治、宗教氛围中对人生真谛的困惑和追求，塑造了梁亦清、韩子奇、梁君璧、梁冰玉、韩新月、楚雁潮等一系列栩栩如生、血肉丰满的人物，展现了奇异而古老的民族风情和充满矛盾的现实生活。

从不同的视角观察，小说的悲剧事件大体可以分为三类，一是爱情悲剧：韩子奇和梁冰玉的爱情悲剧与韩新月和楚雁潮的爱情悲剧。二是社会悲剧：梁亦清、韩子奇弘扬传播中国玉器文化事业的壮志豪情，因资本的竞争倾轧、帝国主义的战争破坏、"文化大革命"的摧残而遭受挫败，他们的人生理想不为置身其间的社会大环境所容。三是命运悲剧：梁亦清、韩子奇、梁冰玉、韩新月以及参与制造过悲剧的虔诚的穆斯林梁君璧和不是回民族的文化精英楚雁潮——他们在积极探索人生意义和实现自身价值的过程中无不意识并预感到失败、痛苦、不幸甚至死亡的必然性，但他们不向厄运低头，坚持以坚韧、顽强的意志突围。

《穆斯林的葬礼》用不小的篇幅描写了回民族的风俗习惯和宗教仪式，并着意

表现异质习俗文化同回民族习俗的撞击、较量和通融，使之成为情节包括场面和细节的有机组成部分，突出的例子如葬礼和婚礼。霍达在《穆斯林的葬礼》的总体艺术构思中突出悲剧冲突、文化冲突、心理冲突，旨在铸造在多元文化冲突、拼撞和互融互渗中焕发出蓬勃不息的生命意识的平凡而伟大的人格。

十三、《藏獒》

【作者简介】

杨志军，1955 年生于青海西宁，祖籍河南孟津，现定居青岛。杨志军做报社记者时曾常驻青藏高原牧区六年，之后在家养藏獒多年。其代表作有《环湖崩溃》《大悲原》《藏獒》等。

【创作背景】

杨志军说，他在青藏高原生活了 40 年，自己对藏獒、对牧区生活、对宗教文化、对青藏高原物种有一种别人无法理解的情感，这部作品是其生活与情感积累到一定程度后的·次迸发。据作者介绍，这部作品从 2004 年 12 月份构思，2005 年元月份动笔写作，5 月份完成初稿，写作比较顺利。过去生活情感的积累、对现实社会的思考、对现实文化和流行文化的批判，以及感受到人们道德与精神的缺失，让他产生了建树一个好社会、建树一种大部分人认可的优秀文化与道德精神的表达欲望，于是就有了《藏獒》的问世。

【内容梗概】

《藏獒》讲述了在新中国成立初期，一只藏獒王如何消除两个草原部落之间的矛盾的故事，宣扬了和平、忠义又不失勇猛的精神。藏獒是产于青藏高原的一种大型猎犬，被誉为"中华神犬"。当人们总想把自己变成狼时，难道人性只好让藏獒来替我们珍惜？这群比人类更珍惜人性的藏獒的快乐和悲伤、尊严和耻辱、责任和忠诚，凝聚着青藏高原的情怀、藏传佛教的神秘与人道作家的悲悯，终于成就了 2005 年度长篇小说沉郁的阅读中，石破天惊的痛快淋漓之作。

【文学成就】

杨志军借着父亲和藏獒表达了他对当下文化现实的态度，在藏獒身上他似乎看到了自然与人弥合的曙光，人类缺失的文化精神和道德准则如此醒目地闪耀在藏獒的身上。通过藏獒，人类收获了沉甸甸的果实：道义、良知、责任、真善、悲悯、仁慈、勇往直前……《藏獒》放大了我们的渴望和需要，人性的光辉烛照着孤独的灵魂，一种灵动优异的动物所携带的感动，在集体的阅读狂欢中打碎了我们铠甲般坚硬的心灵外壳，让我们知道了另一种温暖的文化况味。这实际上是关于人的阅读，人心、人性、人的精神文化表达，经由藏獒用生命来完成，抵达了各种人群的心灵旱地。藏獒世界的生命规则与彼此间的仇恨无关，它们的愤怒和仇恨都来自于人类的意念，所遵行的也是人类的意志，天赋的忠诚和信诺让它们懂得了爱与善，后天磨砺的勇敢和坚韧让它们实现侠义的本能，但在和人类的共处中，它们最为本真自然的生命状态却被掠夺、被扭曲。它们是自然的精灵，带着雪山圣水全部的精华出没于荒原深处；它们的存在，是自然雄壮的声音，是草原强悍的力量，也是人类最忠实的朋友，却被沦落的人性打入了黑暗的炼狱。藏獒们之间的打斗无不带有人类的烙印，它们的忠于职守是天然的本分，却被人类滥用而浸染着血腥暴戾。藏獒被寄寓了人类的道德幻想和生命幻想。这种幻想在小说中生长、实现、破碎，其实正是现实社会的经验和反射。这是一种更为成熟深刻的文化思考，他关注的不仅是生命本身，还有人和自然危机前景的宏大命题。野性和人性都是藏獒最美好的品格。野性让藏獒生发出蓬勃的生命活力，无论在荒原还是在人的领地，它们一样秉持天赋为职守而战；人性则使它们拥有高尚高贵的道德品行，并且在荒原保持了单纯自然的生存态度。因此，藏獒是和谐完满的文化尺度，也是杨志军对人类社会的最高期许。

《藏獒》的问世无意中承担了特定的文化责任，小说在一种厚重的内敛中，拥有丰沛完满的张力。藏獒的江湖是文化与道德的最高期许。

外国名著

一、《一千零一夜》

《一千零一夜》是著名的古代阿拉伯民间故事集，由 264 个故事组成，在西方被称为《阿拉伯之夜》，在中国却有一个独特的称呼：《天方夜谭》。"天方"是中国古代对阿拉伯的称呼，仅凭这名字，就足以把人带到神秘的异域世界中。《一千零一夜》是世界上最具生命力、最负盛名、拥有最多读者、影响最大的作品之一。同时，它以民间文学的朴素身份却能跻身于世界古典名著之列，也堪称是世界文学史上的一大奇迹。

【内容梗概】

相传古时候，在古阿拉伯的海岛上，有一个萨桑王国，国王名叫山努亚。有一天，山努亚和他的弟弟萨曼来到一片紧邻大海的草原，当他们正在一棵树下休息时，突然海中间冒起一个黑色的水柱，一个女郎来到了他们身边，并告诉他们天下所有的妇女都是不可信任的。国王山努亚和弟弟萨曼回到萨桑王国后，发现王后行为不端，他们便杀了王后。从此，山努亚深深地开始厌恶妇女，又杀死了所有宫女。他存心报复，又开始每天娶一个女子来过一夜，次日便杀掉再娶，完全变成了一个暴君。这样年复一年，持续了三个年头，整整杀掉了一千多个女子。宰相的大女儿山鲁佐德对父亲说："我要嫁给国王，我要拯救千千万万的女子。"山鲁佐德进宫后每天晚上都给国王讲一个故事，但是她每天晚上只讲开头和中间，不讲结尾。国王为了听故事的结尾，就把杀山鲁佐德的日期延迟了一天又一天。就这样，山鲁佐德每天讲一个故事，她的故事无穷无尽，一个比一个精彩，一直讲到第一千零一夜，终于感动了国王。山努亚说："凭安拉的名义起誓，我决心不杀你了，你的故

事让我感动。我将把这些故事记录下来，永远保存。"于是，便有了《一千零一夜》这本书。

【发展历史】

《一千零一夜》是阿拉伯帝国创建后，阿拉伯民族精神形成和确定时期的产物。《一千零一夜》有三个故事来源：一是波斯故事集《赫左尔·艾夫萨乃》，其故事源于印度，最初是梵文，后译成波斯文，然后再译成阿拉伯文，同时加进一些阿拉伯故事；第二部分源于伊拉克的阿巴斯王朝，特别是哈伦·拉希德统治时期的故事；第三部分是有关埃及马姆鲁克王朝的故事。其核心是第一部分，其中有的故事也讲到中国。据阿拉伯原文版统计，全书共有大故事134个，每个大故事又包括若干小故事，组成一个庞大的故事群，总计264个故事。《一千零一夜》是劳动人民的集体创作，从口头创作到编订成书经历了一个漫长的历史过程。早在公元6世纪，印度、波斯等地的民间故事就流传到伊拉克、叙利亚一带；大约8世纪中叶到9世纪中叶，出现手写本；又经过几百年的搜集、整理、加工、补充，大约到16世纪才最后定型；而由文人编纂成书、出版问世，还要晚一些。

【文化成就】

在百花争艳、五彩缤纷的世界文学花园中，《一千零一夜》这部中世纪最伟大的民间文学巨著，多少世纪以来一直盛传不衰，至今仍对世界文化产生着极为深远的影响。

中世纪的民间文学具有十分丰富的想象力、真挚动人的情感、自由的表达方式和通俗的语言，以及引人入胜的奇思妙想。《一千零一夜》这部传世经典正是具备了这些特色，而成为世界浪漫主义文学浪潮的主要源泉。

《一千零一夜》的内容包罗万象，十分丰富。大故事套小故事，盘根错节，层层深入；其情节错综复杂，奇幻诡异，枝蔓繁衍，气势壮丽宏伟，节奏感鲜明，心理描写又细致入微，合情合理；其写作手法奇巧动人，把瑰丽的幻想和真切的描述巧妙地融为一体，构成曲折多姿、变幻莫测、奇丽感人的艺术境界。书中常把威严的帝王将相与普通的庶民百姓做对比，将人们常见的花鸟鱼虫与想象中的神魔鬼怪巧妙地融入一篇篇富于哲理和人情味的故事情节中，深切地表现了主人公与命运抗争，与大自然周旋，与成功路途中的各种艰难险阻以及社会上时而出现的假丑恶现象斗争的敢于冒险、勇于抗争的大无畏主义精神，令人不忍释卷。

《一千零一夜》更是少年儿童不可多得的、百读不厌的世界名著。书中不吝笔墨，描写了不少少年英雄与博学才子，他们为真理而孜孜不倦地追求，对少儿读者有良好的启迪作用。书中大量的神话故事常常使大人和孩子争相阅读，那时隐时现的海上仙山，深不可测的阴间地狱，显得那么幽深奇幻、虚无缥缈。

作为世界文学宝库中的奇珍异宝，《一千零一夜》是全人类的共同财富，受到各国读者的喜爱，它促进了欧洲的文艺复兴和近代自然科学的建立，对世界文化的发展功不可没，对世界文学和艺术具有极其重要的影响。同时，它还激发了东西方无数诗人、学者、画家和音乐家的灵感。甚至于《格林童话》《安徒生童话》，都不同程度地受到其有关内容的影响，中国少数民族哈萨克黑萨故事中，有些也是与它相似的。作为一部经世不衰的文学巨著，其影响是多方面的，对世界各国的音乐、舞蹈、雕塑、绘画等都产生了深远影响。

二、《鲁滨逊漂流记》

【作者简介】

丹尼尔·笛福（1660年—1731年），英国作家，新闻记者，英国启蒙时期现实主义小说的奠基人，被誉为"英国和欧洲小说之父"。其作品可读性强，主要构架为主人公通过个人努力，靠智慧和勇敢战胜困难，表现了当时追求冒险、倡导个人奋斗的社会风气。其作品有《鲁滨逊漂流记》《辛格尔顿船长》《杰克上校》等小说。这些小说对英国及欧洲小说的发展都起了巨大的作用。

【创作背景】

本部小说是笛福受当时一个真实故事的启发而创作的。1704年9月一名叫亚历山大·塞尔柯克的苏格兰水手在海上与船长发生争吵，被船长遗弃在南美洲大西洋中的安·菲南德岛上达4年4个月之久。4年后他被伍兹·罗杰斯船长所救，当他被救回英国时已成了一个野人。英国著名作家笛福以塞尔柯克的传奇故事为蓝本，把自己多年来的海上经历和体验倾注在人物身上，并充分运用自己丰富的想象力进行文学加工，使"鲁滨逊"成了当时中小资产阶级心目中的英雄人物。鲁滨逊是西方文学中第一个理想化的新兴资产者形象，他身上有强烈的资产阶级进取精神和启蒙意识。

亚历山大·塞尔柯克的经历给了笛福灵感，本书成书于1719年，是一部流传广大、影响深远的文学名著。主人公鲁滨逊十分乐观，充满了斗志，体现了自我奋斗的精神，他的创造性劳动及成果也体现了人类智慧的无穷魅力。如果一个人遭遇困境而无人解救时，就必须学会乐观地去改变现状，而这需要像鲁滨逊那样有惊人的毅力和百折不挠的精神，这是我们阅读完《鲁滨逊漂流记》所能体会到的。

【内容梗概】

鲁滨逊出生于一个体面的商人家庭,从小就渴望航海,一心想去海外见识一番。长大后他瞒着父亲出海去了伦敦,第一次航行就遇到大风浪,船只沉没,好不容易才保住了性命。第二次出海鲁滨逊到了非洲经商,赚了一笔钱。第三次他又遭不幸,被摩尔人俘获,当了奴隶。后来他划了主人的小船逃跑,途中被一艘葡萄牙货船救起。船到巴西后,他在那里买下一个农庄,做了庄园主。他不甘心于这样的发财致富,又再次出海,到南美洲经商。不幸的是船在途中遇到风暴触礁,船上水手、乘客全部遇难,唯有鲁滨逊幸存,只身漂流到一个荒无人烟的孤岛上。他用沉船的桅杆做了木筏,一次又一次地把船上的食物、衣服、枪支弹药、工具等运到岸上,并在小山边搭起帐篷定居下来。接着他用削尖的木桩在帐篷周围装上栅栏,在帐篷后挖洞居住。他用简单的工具制作桌椅等家具,捕获野味为食,饮溪里的水,度过了最初遇到的困难。

鲁滨逊在岛上独自生活了17年后,一天,他发现岛边海岸上都是人骨,生过火,原来外岛的一群野人曾在这里举行过人肉宴,鲁滨逊惊愕万分。此后他便一直保持警惕,更加留心周围的事物。直到第24年,岛上又来了一群野人,带着准备杀死、吃掉的俘虏。鲁滨逊发现后,救出了其中的一个。鲁滨逊把被救的野人取名为"星期五"。此后,"星期五"成了鲁滨逊忠实的仆人和朋友。接着,鲁滨逊带着"星期五"救出了一个西班牙人和"星期五"的父亲。西班牙人告诉鲁滨逊土著部落还有十几个西班牙人,并请求把他们一并接到岛上。不久有条英国船在岛附近停泊,船上水手闹事,把船长等三人抛弃在岛上,鲁滨逊与"星期五"帮助船长制服了那帮水手,夺回了船只。他把那帮水手留在岛上,自己带着"星期五"和船长等离开荒岛回到了英国。此时鲁滨逊已离家35年。后来他在英国结了婚,生了三个孩子。妻子死后,鲁滨逊又一次出海经商,路经他住过的荒岛,这时留在岛上的水手和西班牙人都已在此安家繁衍生息。鲁滨逊又送去新的移民,将岛上的土地分给他们,并留给他们各种日用必需品,告诉他们不久将会有一些西班牙人到岛上来,并对他

们一视同仁，之后满意地离开了小岛。七八年后鲁滨逊带着一堆在小岛上生活的必需品回岛，看望那些西班牙人和水手。

【作品成就】

《鲁滨逊漂流记》歌颂了资产阶级在资本原始积累时期的冒险进取精神，强调了个人的聪明和毅力。在小说中笛福创造了一个非常成功的文学形象——鲁滨逊。

鲁滨逊是个劳动者，同时又是资产阶级的代表，因此具有剥削掠夺的本性。他几次出海的目的就是为了要到非洲贩卖奴隶。他用火枪和《圣经》慑服土人，使"星期五"心甘情愿地成了他的忠实奴仆。火枪和《圣经》就是欧洲殖民主义者对殖民地人民所惯用的双重武器。鲁滨逊顽强不息地与自然做斗争，既是为了生存，也是为了占有财富和土地。在岛上还没有其他人出现的时候，鲁滨逊就踌躇满志地说"这里的一切都是我的。"如果有可能，他要传给他的子孙。当岛上有了"星期五"的父亲和那个西班牙人后，他为自己"像个国王"和"我的百姓完全服从我"而满心高兴。即使回到英国后，他又去"视察"他的"领地"，把岛上的土地分租给新去的居民。鲁滨逊身上的两重性，充分体现了作者所处时代与阶级的局限性。

《鲁滨逊漂流记》是一部成功的现实主义小说。作者用生动逼真的细节把虚构的情景写得让人如同身临其境，使故事具有强烈的真实感。作品语言朴素生动，文字明白易懂，对英国小说的发展起了积极的作用，小说主人公鲁滨逊也因此成为欧洲文学史上一个著名的文学形象。

小说赞扬了新兴资产阶级的代表——鲁滨逊身上所表现的勤劳、智慧、勇敢、顽强和坚韧的美好品德，也反映了处于资本主义原始积累时期的新兴资产阶级要求个性自由，发挥个人才智，勇于冒险，追求财富的冒险进取精神。作者借此歌颂了处在上升时期的资产阶级个人奋斗精神。小说情节生动，细节逼真，描写细致，语言流畅，并赋有深刻的哲学和社会意义。

三、《少年维特之烦恼》

【作者简介】

约翰·沃尔夫冈·冯·歌德（1749 年—1832 年），德国浪漫主义时期最伟大的诗人、小说家、剧作家，公认的世界文学巨人之一。歌德在自传《诗与真》中，曾经留下了关于幸福童年的一幅难忘的图画，1765 年他去大学攻读法律，这时候他被莱比锡的文人们所吸引，也激发了歌德的创作欲望。从此，在歌德漫长的人生岁月中留下了众多的著名著作。歌德的作品包括诗歌、戏剧、小说、散文和报告、论文等，其中主要有：戏剧《恋人的情绪》《同谋犯》《克拉维戈》《艾格蒙特》等，小说《少年维特之烦恼》《威廉·迈斯特的漫游年代》等，诗歌《普罗米修斯》《神灵的问候》《西东诗集》《赛森海姆之歌》及最伟大的作品诗剧《浮士德》。除此之外，歌德在音乐、自然科学等领域也颇有兴趣并有所成就，他和大诗人席勒、音乐家贝多芬等的友谊也是众人皆知。歌德今天仍然是影响人们思想及文化的伟大人物。

【创作背景】

歌德对夏洛特·布夫的爱

小说的情节在极大程度上是自传性的。当歌德在韦茨拉尔的帝国最高法院实习期间，他结识了年轻的夏洛特·布夫，并爱上了她。但夏洛特已经和一位名叫约翰·克里斯蒂安·凯斯特纳的法律工作者订了婚。在夏洛特的父亲看来，凯斯特纳显然比年轻、有着艺术方面抱负的歌德更加稳重可靠；歌德在那时就已经更想成为一名艺术家而不是律师。歌德仓促地离开了夏洛特。后来，他又认识了一位枢密顾问的女儿安娜。歌德把两个女子给他留下的印象融合到了绿蒂的形象中。据歌德本人说，他在四周的时间内写出了这部书信体小说，以抵消爱情的痛苦并使自己从自

杀的念头中摆脱出来。

耶路撒冷的自杀

小说中的一部分情节，特别是结尾的部分，不同于歌德的经历。维特自尽了，歌德却沉浸在痛苦与写作中。小说中自杀的情节是受到了一位年轻的同事耶路撒冷的激发而产生的。耶路撒冷确实因为巨大的爱情上的不幸而自杀，他在韦茨拉尔的墓地成了不幸的年轻恋人的朝拜圣地。卡尔·威廉·耶路撒冷是歌德的泛泛之交，他于1772年10月自杀。此事是凯斯特纳告诉歌德的。具有悲剧性的是，耶路撒冷用来自杀的手枪是凯斯特纳借给他的。这使歌德把他自己的经历和耶路撒冷的命运混合起来，而在小说的第二部分，耶路撒冷的命运越来越多地成为叙述的主要对象。歌德将耶路撒冷的许多性格特点和其他特征转移到他的维特形象上。为了更近地了解耶路撒冷自杀的情况，歌德于1772年11月初再次短暂地来到韦茨拉尔。他以与熟悉耶路撒冷的人的谈话，以及他自己对耶路撒冷的记忆构成了小说的基础。他甚至原文引用了凯斯特纳对耶路撒冷之死的报告的一些段落。

【内容梗概】

这部小说是用日记和书信体写成的，主人公维特出生于一个较富裕的中产阶级家庭，受过良好的教育。他能诗善画，热爱自然，多愁善感。初春的一天，为了排遣内心的烦恼，他告别了家人与好友，来到一个风景宜人的偏僻山村。这位靠父亲遗产过着自由自在生活的少年，对山村的自然景色和纯朴的生活产生了浓厚的兴趣。山村的一切如天堂般美好，青山幽谷、晨曦暮霭、村童幼女……这些使他感到宛如生活在世外桃源，忘掉了一切烦恼。没过多久，在一次舞会上，维特认识了当地一位法官的女儿绿蒂，便一下子迷上了她。他与绿蒂一起跳舞，他仿佛感到世界只有他们两个人。虽然绿蒂早已订婚，但对维特非常倾心。舞会结束后，他们激动地站在窗前，绿蒂含着泪水望着维特，维特更是沉入感情的漩涡中，热泪纵横地吻着她的手。从此以后，尽管日月升起又落下，维特却再也分不清白天和黑夜，在他心中只有绿蒂。绿蒂的未婚夫阿尔伯特回来了，他很爱绿蒂，对维特也很好，他们常在一起谈论绿蒂。那绿色的山麓、悠然的溪水、飘浮的云再也不能使他平静了，他常感到自身的渺小，感到不自在。夜晚，他常常梦到绿蒂坐在身旁，早上醒来，床上却只有他一个人，他只有叹息命运的不济。最终在朋友的劝说下，他下决心离开心爱的绿蒂，离开那曾经给他带来欢乐与幸福的小山村。维特回到城市，在公使馆当了办事员。他尽可能使自己适应这份工作，然而官僚习气十足的上司对他的工作吹毛求疵，处处刁难他，他的同事们也戒备提防，唯恐别人超过自己，这一切都使他产生许多苦恼。正当他深感百无聊赖时，一个偶然的机会，结识了一位令人敬重的C伯爵。C伯爵谦逊老实，博学多才，对维特也很友善和信任，给维特带来一丝安慰。

一天伯爵请他到家中吃饭，不料饭后来了一群贵族，他们带着高傲鄙视的神情看着维特。连和他认识的人也不敢和他说话了，伯爵前来催他赶快离开这里，不管他走到哪里，都能看到嘲笑的面孔，听到讥讽的话语，他一气之下终于辞了公职。他应一位侯爵将军之邀，去了猎庄，期间他曾想从军，但在侯爵的劝告下，很快打消了这个念头。侯爵待他很好，但他在那儿始终感到不自在。他一直怀念着绿蒂，在心的牵引下他又回到原先的山村。山村的景物虽然依旧，但人事全非。心爱的绿蒂早已成了阿尔伯特的妻子，而善良的村民一个个惨遭不幸。他去拜访曾为他们作过画的两个孩子，但孩子的母亲告诉他，她的小儿子已经死了；他去访问向他讲述过内心秘密的农夫，恰好在路上遇见他，农夫说自己被解雇了，原因是他大胆地向女主人表示了爱情，她的弟弟怕他抢走了姐姐的财产而解雇了他。他不下千百次地想拥抱绿蒂，哪怕把她压在心上一次，内心的空隙也就填满了，可是见到她却不敢伸手。

冬天来了，天气越来越冷了，花草都枯了，一片荒凉。他看到了因爱恋绿蒂而丢了工作并发疯的青年，不禁惊愕。后来得知那位被解雇的农夫杀了人，维特很是同情，想要救他，竭尽全力为他辩护，结果遭到法官的反对。救人不成，使他陷入了更深的悲痛之中，他也深感自己已走到穷途末路，痛苦烦恼到极点，任凭感情驱使自己朝着可悲的结局一步步走去。圣诞节前的一天，他又来到心上人绿蒂的身边，

做最后的诀别。此时即将熄灭的爱情之火瞬间又放射出光芒，他对绿蒂朗诵奥西恩的悲歌，同时紧紧拥抱着她。两天后，他留下令人不忍阅读的遗书，午夜时分，拿起绿蒂丈夫的手枪结束了自己的生命，同时也结束了自己的烦恼。

【文学成就】

《少年维特之烦恼》是歌德用日记与书信体写成的，在维特身上体现了歌德的世界观、宗教观、审美观，以及他对德国新兴资产阶级的期望。维特所向往和追求的正是人性的解放和自由。维特最终还是不可避免地走向了悲剧的结局。他的悲剧不仅仅是他个人的悲剧，同时还是阶级的悲剧和社会的悲剧。书中所描述的绝不是简简单单的一个悲剧爱情故事，而是深刻地揭露了 18 世纪德国的封建统治阶级对德国普通阶级人民的压迫和摧残，人们的精神和思想都处于一种压抑的状态，苦闷的内心渴望获得解放，但是又由于自身的软弱性而普遍存在的消极、颓废情绪的生活状态。而维特就是这个时期德国的觉醒青年，他对人生和社会都有着深刻而清醒的认识，对现实的不满和憎恶让他充满了攻击性，但是斗争力量的缺乏又使他感觉力不从心，这种矛盾深深地折磨着他，让他的情绪从激愤、焦虑逐渐转变为忧郁和苦恼，直至最后感到绝望，通过结束自己生命的方式与这个丑恶腐朽的社会做了彻底的决裂。他的死不是因为爱情，而是因为他对自己和社会的关系没有认识清楚。《少年维特之烦恼》以一种特殊的艺术方式对社会的腐败现象进行了揭示，并对造成这种社会弊病的根源进行了揭露和抨击，维特的悲剧是整个时代的痛苦和憧憬的缩影。

《少年维特之烦恼》被视为狂飙突进运动时期最重要的小说。这部小说获得了那个时代相当高的印数，很快被译成英、法、意、西等各种译本。在青年中间掀起了一股"维特热"，也引发了关于"维特之死"的社会讨论。"维特之死"是主人公实现自我、升华自我的一个最终途径；是对于自我的坚持，对自然性情以及自我挚爱的终极追求。在理性与节制的时代，维特的爱情与理性背道而驰。维特之死，是对理性的一句抗议，也是主人公实现自我的途径。

四、《双城记》

【作者介绍】

查尔斯·狄更斯（1812年—1870年），英国小说家，出生于海军小职员家庭，10岁时全家曾被迫迁入负债者监狱。狄更斯11岁就承担起繁重的家务劳动，曾在皮鞋作坊当学徒，16岁时在律师事务所当文员，后担任报社采访记者。他只上过几年学，全靠刻苦自学和艰辛劳动成为知名作家。

狄更斯一生共创作了14部长篇小说，许多中、短篇小说和杂文、游记、戏剧、小品。其中最著名的作品是描写劳资矛盾的长篇代表作《艰难时代》（1854）和描写1789年法国革命的另一篇代表作《双城记》（1859）。前者展示了工业资本家对工人的残酷剥削和压迫，描写了工人阶级的团结斗争，并批判了为资本家剥削辩护的自由竞争原则和功利主义学说。后者以法国贵族的荒淫残暴、人民群众的重重苦难和法国大革命的历史威力，来影射当时的英国社会现实，预示这场"可怕的大火"也将在英国重演。其他作品有《雾都孤儿》《老古玩店》《董贝父子》《大卫·科波菲尔》和《远大前程》等。

【创作背景】

早在创作《双城记》之前很久，狄更斯就对法国大革命极为关注，反复研读英国历史学家卡莱尔的《法国革命史》和其他学者的有关著作。他对法国大革命的浓厚兴趣发端于对当时英国潜伏着的严重的社会危机的担忧。1854年底，他说："我相信，不满情绪像这样冒烟比火烧起来还要坏得多，这特别像法国在第一次革命爆发前的公众心理，这就有危险，由于千百种原因，如收成不好、贵族阶级的专横与无能把已经紧张的局面最后一次加紧，海外战争的失利、国内偶发事件等将变成那次从未见过的一场可怕的大火。"可见，《双城记》这部历史小说的创作动机在于借

古讽今，以法国大革命的历史经验为借鉴，给英国统治阶级敲响警钟。同时，作者想通过对革命恐怖的极端描写，也对心怀愤懑、希图以暴力对抗暴政的人民群众提出警告，作者幻想为着社会矛盾日益加深的英国现状寻找一条出路。为此，狄更斯创作了《双城记》。

【内容梗概】

1757年12月的一个月夜，寓居巴黎的年轻医生马奈特散步时，突然被厄弗里蒙得侯爵兄弟强迫出诊。在侯爵府第中，他目睹一个发狂的绝色农妇和一个身受剑伤的少年饮恨而死的惨状，并获悉侯爵兄弟为了片刻淫乐杀害他们全家的内情。他拒绝侯爵兄弟的重金贿赂，写信向朝廷告发。不料控告信落到被告人手中，马奈特被关进巴士底狱，从此与世隔绝，杳无音讯。两年后，妻子心碎而死。幼小的孤女露茜被好友罗瑞接到伦敦，在善良的女仆普洛丝抚养下长大。

18年后，马奈特医生获释。这位精神失常的白发老人被巴黎圣安东尼区的一家酒店的老板、他旧日的仆人德法尔热先生收留。这时，女儿露茜已经长大，专程接他去英国居住。旅途中，他们邂逅法国青年查尔斯·达尔奈，受到他的细心照料。原来达尔奈就是侯爵的侄子。他憎恨自己家族的罪恶，毅然放弃财产的继承权和贵族的姓氏，移居伦敦，当了一名法语教师。在与马奈特父女的交往中，他对露茜产生了真诚的爱情。马奈特为了女儿的幸福，决定埋葬过去，欣然同意他们的婚事。在法国，达尔奈父母相继去世。叔父厄弗里蒙得侯爵继续为所欲为，当他狂驾马车若无其事地轧死一个农民的孩子后，终于被孩子父亲用刀杀死。一场革命的风暴正在酝酿之中，德法尔热的酒店就是革命活动的联络点，他的那位一家被厄弗里蒙得侯爵兄弟杀害的妻子不停地把贵族的暴行编织成不同的花纹，记录在围巾上，渴望复仇。

1789年，法国大革命的风暴终于袭来。巴黎人民攻占了巴士底狱，把贵族一个个送上了断头台。远在伦敦的达尔奈为了营救管家盖白勒，冒险回国，一到巴黎就被捕入狱。马奈特父女闻讯后星夜赶到。马奈特因其受迫害的经历得到了尊重，使达尔奈回到妻子的身边。可是，几小时后，达尔奈又被逮捕。在法庭上，德法尔热宣读了当年医生在狱中写下的血书，向苍天和大地控告厄弗里蒙得家族的最后一个人。法庭判处达尔奈死刑。

就在这时，一直暗暗爱慕露茜的律师助手卡顿来到巴黎，买通狱卒，混进监狱，顶替了达尔奈，马奈特父女早已准备就绪，达尔奈一到，马上出发。一行人顺利地离开法国。 德法尔热太太在达尔奈被判决后，又到马奈特住所搜捕无辜的露茜及其幼女，在与女仆普洛丝的争斗中，因自己枪支走火而毙命。而断头台上，卡顿为了爱情，成全了别人，从容献身。

【文学成就】

《双城记》以法国大革命为背景，透过贵族与平民之间的冲突，作者狄更斯传达了"鲜血无法洗去仇恨，更不能替代爱"的主旨，贵族的暴虐对平民造成的伤痛不会因为鲜血而愈合，平民对贵族的仇恨也无法替代对已逝亲人的爱。

小说深刻地揭露了法国大革命前深深激化了的社会矛盾，强烈地抨击了贵族阶级的荒淫残暴，并深切表达了对下层人民的同情。作品尖锐地指出，人民群众的忍耐是有限度的，在贵族阶级的残暴统治下，人民群众迫于生计，必然奋起反抗，而且这种反抗是正义的。小说还描绘了起义人民攻击巴士底狱等壮观场景，表现了人民群众的伟大力量。作者站在人道主义的立场上，既反对残酷压迫人民的暴政，也反对革命人民过于极端的暴力。狄更斯是非暴力社会改革家，他拒绝在暴力中革命，他认为革命暴力不能解决根本问题，而理性与宽容、善良和爱是要建立一个和平与和谐社会所需要的。

《双城记》有其不同于一般历史小说的地方，它的人物和主要情节都是虚构的。在法国大革命广阔的真实背景下，作者以虚构人物马奈特医生的经历为主线索，把冤狱、爱情与复仇三个互相独立而又互相关联的故事交织在一起，情节错综，头绪纷繁。作者采取倒叙、插叙、伏笔、铺垫等手法，使小说结构完整严密，情节曲折紧张而富有戏剧性，表现了卓越的艺术技巧。《双城记》风格肃穆、沉郁，充满忧愤，作者强调了"善与人道的最高形式——爱他人，为他人而活着"。

五、《雾都孤儿》

【创作背景】

《雾都孤儿》是英国小说家查尔斯·狄更斯在维多利亚时代的作品。资本主义的发展，使英国成为世界超级大国。但繁华之下，是贫穷和不幸。这种繁荣孕育在危险和肮脏的工厂和煤矿里。随着阶级冲突越发明显，终于在1836年到1848年接连爆发了革命。19世纪末期，大英帝国国力逐渐下降。《雾都孤儿》写作时，英国正经历一场转变，即从一个农业和农村为主的国家向城市和工业国家的转变。

【内容梗概】

小说的主人公奥利弗·特威斯特，是一名生在济贫院的孤儿，忍饥挨饿，备受欺凌，由于不堪棺材店老板娘与教区执事邦布儿等人的虐待而独自逃往伦敦，不幸刚一到达就受骗误入贼窟。窃贼团伙的首领费金千方百计想把奥利弗训练为扒手供他驱使。奥利弗跟随窃贼伙伴"机灵鬼"和贝茨上街时，被误认为他偷了一位叫布朗洛的绅士（恰巧是他父亲生前的好友）的手绢而被警察逮捕。后因书摊老板证明了他的无辜，说明小偷另有其人，他才被释放。由于他当时病重昏迷，且容貌酷似友人生前留下的一幅少妇画像，布朗洛收留他在家中治病，并得到布朗洛及其女管家比德温太太无微不至的关怀，奥利弗第一次感受到人间的温暖。窃贼团伙害怕奥利弗会泄露团伙的秘密，在费金指示下，塞克斯和南希费尽心机，趁奥利弗外出替布朗洛归还书摊老板的图书的时候用计使他重新陷入了贼窟。但当费金试图毒打奥利弗时候，南希挺身而出保护了奥利弗。费金用威胁、利诱、灌输等手段企图迫使奥利弗成为一名窃贼，成为费金的摇钱树。一天黑夜，奥利弗在塞克斯的胁迫下参加对一座大宅院的行窃。正当奥利弗准备趁爬进窗户的机会向主人报告时，却被管家发现开枪打伤。窃贼仓皇逃跑时，把奥利弗丢弃在路旁水沟之中。奥利弗在雨雪之中带伤爬行，无意中又回道那家宅院，昏倒在门口。好心的主人梅丽夫人及其养女罗斯小姐收留了他。无巧不成书，这位罗斯小姐正是奥利弗的姨妈，但双方都不知道。在梅丽夫人家，奥利弗真正享受到了人生的温馨和美好。但费金团伙却不能放过奥利弗。有一天一个名叫蒙克斯的人来找费金，这人是奥利弗的同父异母兄长，由于他的不孝，他父亲在遗嘱中将全部遗产给了奥利弗，除非奥利弗和蒙克斯是一样的儿子，遗产才可由蒙克斯继承。为此，蒙克斯出高价买通费金，要他使奥利弗变成不可救药的罪犯，以便霸占奥利弗名下的全部遗产，并发泄自己对已去世的父亲的怨恨。正当蒙克斯得意扬扬地谈到他如何和邦布尔夫妇狼狈为奸，毁灭了能证明奥利弗身份的唯一证据的时候，却被南希听见。南希见义勇为，同情奥利弗的遭遇，冒着生命危险，偷偷找到罗斯小姐，向她报告了这一切。　正当罗斯小姐考虑如何行动时，奥利弗告诉她，他找到了布朗洛先生。罗斯小姐就和布朗洛商议了处理方法。罗斯小姐在布朗洛陪同下再次和南希会面时，布朗洛获知蒙克斯即他的已故好友的儿子时，决定亲自找蒙克斯交涉，但他们的谈话被费金派出的密探听见。塞克斯就凶残地杀害了南希。南希之死使费金团伙遭到了灭顶之灾。费金被捕后上了绞刑架，塞克斯在逃窜中失足被自己的绳子勒死。与此同时，蒙克斯被布朗洛挟持到家中，逼他供出了一切。事情真相大白，奥利弗被布朗洛收为养子，从此结束了他的苦难童年。为了给蒙克斯改过自新的机会，奥利弗把继承的遗产分一半给他。但蒙克斯劣性不改，把家产挥霍殆尽，继续作恶，终被锒铛入狱，死在狱中。邦布尔夫妇恶有恶报，被革去一切职务，一贫如洗，在他们曾经作威作福的济贫院度过余生。　在这本书中，奥利弗、南希、罗斯小姐都是善良的代表，他们都出生于苦难之中，在黑暗和充满罪恶的世界中成长，但在他们的心中始终保持着一片纯洁的天地，一颗善良的心，种种磨难并不能使他们堕落，反而更显示出他们出淤泥而不染的晶莹品质。最后，正义的力量战胜了邪恶，虽然南希最后遇难，但正是她的死召唤出来的惊天动地的社会正义力量使费金团伙遭到了灭顶之灾。因此在小说中，南希的精神得到了升华，奥利弗则得到了典型意义上的善报，而费金、蒙克斯、邦布尔、塞克斯纷纷受到了恶报。

【文学成就】

《雾都孤儿》是狄更斯第一部伟大的社会小说。狄更斯通过《雾都孤儿》塑造了小奥利弗的形象，整部小说揭露了各种丑陋的嘴脸及残酷的社会现实，表现了难能可贵的仁爱思想。《雾都孤儿》中的人物可以分为两个阵营——天使阵营和魔鬼阵营，整部小说在善恶人物的对抗中展开。孤儿奥利弗出身贫寒却天性善良，没有受过正规教育却彬彬有礼，十分有教养。而这样一个可爱的男孩一出生面对的则是饥饿、贫困、孤独、与恶人作对。就像童话中的正面人物总要遭到女巫、恶人、妖魔的迫害一样，小说中奥利弗一直有恶人相对。而这个不幸的孩子历经磨难却秉性不移，始终保留着善良的天性，一心向善，最终苦尽甘来，在善良人们的帮助下迎来了新生。《雾都孤儿》成功塑造了一批恶人形象：作威作福的教区干事邦布尔、彪悍凶狠的塞克斯、恶贯满盈的贼首费金，以及劣性不改的蒙克斯等。与此同时，小说也塑造了一批救苦救难的善良人物：温情的老绅士布朗洛、美丽善良的露西小姐、良心未泯的女孩南希等。小说中善恶人物营垒清晰，对抗激烈尖锐。在情节设置上，《雾都孤儿》有太多超现实逻辑的奇遇和巧合，这样的情节巧合使故事一波三折、跌宕起伏。

狄更斯在小说中无情地揭露和鞭挞了当时资本主义社会的黑暗和虚伪，描写了资本主义社会穷苦儿童的悲惨生活，揭露了贫民救济所的黑暗。狄更斯是英国最伟大的小说家之一，英国现实主义文学的杰出代表，对世界文学有巨大的影响。

六、《红与黑》

【作者简介】

司汤达（1783年—1842年），19世纪法国批判现实主义作家，1783年1月23日生于法国格勒诺布尔，1842年3月23日逝世于巴黎。他的一生不到六十年，并且在文学上的起步很晚，三十几岁才开始发表作品。然而，他却给人类留下了巨大的文化遗产，包括数部长篇与短篇故事，数百万字的文论、随笔、散文和游记。司汤达以准确的人物心理分析和凝练的笔法而闻名，被誉为最重要和最早的现实主义的实践者之一。其代表著作为《阿尔芒斯》《红与黑》《巴马修道院》等。

【创作背景】

《红与黑》这部小说的故事据悉是采自1828年2月29日《法院新闻》所登载一个死刑案件。在拿破仑帝国时代，"红"与"黑"代表着"军队"与"教会"，是有野心的法国青年发展的两个渠道（一说是轮盘上的红色与黑色）。司汤达创作《红与黑》时，拿破仑领导的法国资产阶级大革命已经失败，他想用自己的笔去完成拿破仑未竟的事业。他要通过《红与黑》再现拿破仑的伟大，鞭挞复辟王朝的黑暗。为此作者以"红与黑"象征其作品的创作背景："红"是象征法国大革命时期的热血和革命；而"黑"则意指僧袍，象征教会势力猖獗的封建复辟王朝。

【内容梗概】

《红与黑》的主人公于连是一个木匠的儿子，他年轻英俊、意志坚强又精明能干，从小希望借助个人奋斗跻身上流社会。王朝复辟后，于连通过穿上红军服从军而飞黄腾达的道路被堵塞，只好决定穿上黑色教会服装向上爬。去市长家当家庭教师是于连踏入社会的第一步，对市长的报复心理和试练自己胆量的冒险心态促使于

连和市长夫人之间产生了暧昧关系。事情败露后，于连进入贝桑松神学院，既而又随比拉尔院长来到巴黎，成为德·拉莫尔侯爵的秘书。由于自己的聪明和个性，他不仅受到了侯爵的赏识，而且赢得了侯爵小姐的芳心。二人秘密结婚，侯爵对这门婚事虽暴跳如雷，但也无可奈何，于连也因此得到了骑士称号、中尉军衔和二万零六百法郎年收入的庄园。好景不长，正当于连踌躇满志之际，他突然收到了玛特儿寄来的急信。于连急忙回去，原来瑞那夫人给侯爵写信揭露了他们原先的关系。这时恼羞成怒的于连立即跳上去维拉叶尔的马车，买了一支手枪，随即赶到教堂，向正在祷告的瑞那夫人连发两枪，夫人当场中枪倒地。于连因开枪杀人被捕，最终被送上了断头台。

【文学成就】

《红与黑》是法国批判现实主义文学的奠基之作，是 19 世纪法国乃至欧洲文学的一座丰碑。小说围绕主人公于连的个人奋斗及两次爱情经历的描写，揭示了复辟王朝时期的波澜的阶级大搏斗，反映了政治黑暗、教会腐败、贵族反动和资产阶级利欲熏心的广阔生活画面。

于连的两次爱情动机都是以爱情占有为出发点，最终要达到自己的政治目的的。作者通过于连这个文学形象，一方面描述了法国七月革命前夕在人民革命浪潮冲击下的贵族以及中小资产阶级的恐慌情绪；另一方面又塑造了一个出现于社会剧烈变革中的个人野心家的艺术形象，美化了资产阶级的生活观和幸福观。小说的结构严谨匀称，语言简洁流畅，人物形象和人物性格与环境紧密相连，善于揭示人物的内心冲突和思想感情的瞬间变化，以此来突出人的个性特征，具有极高的艺术成就。自1830 年问世以来，《红与黑》赢得了世界各国一代又一代读者的心，特别为年轻人所喜爱。作品所塑造的"少年野心家"于连是一个具有高度典型意义的人物形象，已成为个人奋斗的野心家的代名词。

七、《普希金诗选》

【作者简介】

亚历山大·谢尔盖耶维奇·普希金（1799 年—1837 年），俄国著名的文学家、伟大的诗人、小说家、现代俄国文学的创始人。普希金是 19 世纪俄国浪漫主义文学主要代表，同时也是现代标准俄语的创始人，被誉为"俄国文学之父""俄国诗歌的太阳""青铜骑士"。他的作品是俄国民族意识高涨以及贵族革命运动在文学上的反映。其代表作有诗歌《自由颂》《致大海》《致恰达耶夫》《假如生活欺骗了你》等，诗体小说《叶甫盖尼·奥涅金》，小说《上尉的女儿》《黑桃皇后》等。

【创作背景】

普希金是 19 世纪俄罗斯最伟大的诗人，俄罗斯文学的鼻祖。他出身贵族家庭，从小受到良好的文学熏陶。普希金出生于莫斯科，从 1805 年到 1810 年他每年夏天都在他祖母所在莫斯科附近的一个村庄里度过。他童年的这些生活经验后来都体现在他早年的诗中。

在皇村中学学习时，受到当时爱国思潮和进步思想的影响，普希金结交了一些未来的十二月党人（俄国的贵族革命家）为朋友。毕业后普希金到彼得堡进外交部任职，在此期间写出了《自由颂》《致恰达耶夫》等政治抒情诗，歌颂自由、进步，反对封建农奴制，抨击暴君专制，表现了开明贵族的理想，对当时的革命者曾产生过巨大影响。

1820 年普希金被沙皇流放到高加索，1825 年十二月党人起义失败后，沙皇为了拉拢他，把他召回莫斯科，企图使他成为宫廷诗人。后来因普希金的进步思想和创作活动与统治阶级利益格格不入，引起了沙皇宫廷贵族集团的仇视。1831 年普希金结婚，他与他的夫人迁居彼得堡。他夫人的家庭很富有，并使他能够进入沙皇的

宫廷，但普希金仍然非常不快，经常与人角斗，他这段时间里的作品都体现出沉重的精神压力。1837 年在沙皇及其党羽策划的决斗中，普希金受重伤而死。

【内容梗概】

普希金一生共写了 800 首抒情诗，本书精选了 200 首，是普希金不同阶段作品中的代表作，同时也是俄国文坛流传百世的精品。

【文学成就】

普希金的诗和剧作为通俗语言进入俄罗斯文学铺平了道路，他的叙述风格结合戏剧性、浪漫主义和讽刺于一体，这个风格对许多俄罗斯诗人有深刻的影响，是继他以后俄罗斯文学的一个重要因素。

普希金作品崇高的思想性和完美的艺术性使其具有世界性的重大影响，他的作品被译成多国文字。在他的作品中表现了对自由、对生活的热爱，对光明必能战胜黑暗、理智必能战胜偏见的坚定信仰，他的"用语言把人们的心灵燃亮"的崇高使命感和伟大抱负深深感动着一代又一代的人。他的作品，激发了很多俄罗斯音乐家的创作激情和灵感。以普希金诗篇作脚本的歌剧被谱成了脍炙人口的艺术歌曲；还有的作品被改编成芭蕾舞，成为舞台上不朽的经典。

八、《简·爱》

【作者简介】

夏洛蒂·勃朗特（1816年—1855年），英国女作家。她与两个妹妹，即艾米莉·勃朗特和安妮·勃朗特，在英国文学史上合称为"勃朗特三姐妹"。夏洛蒂1816年生于英国北部一个乡村牧师家庭，母亲早逝。八岁时夏洛蒂被送进一所寄宿学校，15岁时她进了伍勒小姐办的学校读书，几年后又在这个学校当教师。后来她曾做家庭教师，最终投身于文学创作的道路。1847年，夏洛蒂·勃朗特出版长篇小说《简·爱》，轰动文坛。其主要作品有《维莱特》《教师》《谢利》等。

【写作背景】

《简·爱》是一部自传成分很浓的小说，虽然书中的故事是虚构的，但是女主人公以及其他许多人物的生活、环境，都是取自作者及其周围人的真实经验。作者夏洛蒂·勃朗特1816年生于英国北部的一个牧师家庭，母亲早逝，八岁时被送进一所寄宿学校。在那里生活条件极其恶劣，她的两个姐姐因染上肺病而先后死去。于是夏洛蒂和妹妹艾米莉回到家乡，在荒凉的约克郡山区度过了童年。15岁时，她进了伍勒小姐办的学校读书，几年后又在这个学校当教师。后来她曾做过家庭教师，但因不能忍受贵妇人、阔小姐对家庭教师的歧视，最终放弃了家庭教师的谋生之路。她曾打算自办学校，为此她在姨母的资助下与艾米莉一起去意大利进修法语和德语。然而由于没有人来就读，学校没能办成。但是她在意大利学习的经历激发了她表现自我的强烈愿望，促使她投身于文学创作的道路。《简·爱》写于1846年，是夏洛蒂的第二部小说。她借一个出身寒微的年轻女子奋斗的经历，深深打动了当时的读者。这位名不见经传的作者——夏洛蒂·勃朗特，由此进入了英国著名小说家的行列。

【内容梗概】

简·爱是个孤女，出生于一个穷牧师家庭。由于父母染上伤寒，在一个月之中相继去世，幼小的简寄养在舅父家里。舅父里德先生去世后，简受尽了歧视和虐待。一次，由于反抗表哥的殴打，简被关进了红房子。肉体上的痛苦和心灵上的屈辱和恐惧，使她大病了一场。舅母把她视作眼中钉，并把她和自己的孩子隔离开来。从此，她与舅母的对抗更加公开和坚决了。以后，简被送进了罗沃德孤儿院。孤儿院教规严厉，生活艰苦，院长是个冷酷的伪君子。简在孤儿院继续受到精神和肉体上的摧残。由于恶劣的生活条件，孤儿院经常有孩子病死。简毕业后留校任教两年，这时，她的好友海伦患肺病去世。简厌倦了孤儿院里的生活，登广告谋求家庭教师的职业。桑恩费尔德庄园的女管家聘用了她。庄园的男主人罗切斯特经常在外旅行，偌大的宅邸只有一个不到10岁的女孩阿黛拉·瓦朗，罗切斯特是她的保护人，她就是简的学生。一天黄昏，简外出散步，邂逅刚从国外归来的主人，这是他们第一次见面。以后她发现她的主人是个性格忧郁、喜怒无常的人，对她的态度时好时坏。整幢房子沉郁空旷，有时还会听到一种令人毛骨悚然的奇怪笑声。一天，简在睡梦中被这种笑声惊醒，发现罗切斯特的房间着了火，简叫醒他并帮助他扑灭了火。罗切斯特回来后经常举行家宴。在一次家宴上向一位名叫布兰奇的漂亮小姐大献殷勤，简被召进客厅，却受到布兰奇母女的冷遇，她忍受屈辱，离开客厅。此时，她已经爱上了罗切斯特。罗切斯特之后也爱上了简，当他向简求婚时，简答应了他。婚礼前夜，简在朦胧中看到一个面目可憎的女人在镜前披戴她的婚纱。第二天，当婚礼在教堂进行时，突然有人指证罗切斯特先生15年前已经结婚。他的妻子原来就是那个被关在三楼密室里的疯女人。法律阻碍了他们的爱情，使两人陷入深深的痛苦之中。在一个凄风苦雨之夜，简离开了罗切斯特。在寻找新的生活出路的途中，简风餐露宿，沿途乞讨，历尽磨难，最后被牧师圣·约翰收留，并在当地一所小学校任教。不久，简得知叔父去世并给她留下一笔遗产，同时还发现圣·约翰是她的表兄，简决定将财产平分。圣·约翰是个狂热的教徒，打算去印度传教。他请求简嫁给他并和他同去印度。简拒绝了他，决定回到罗切斯特身边。当她回到桑恩费尔德庄园，那座宅子已成废墟，疯女人放火后坠楼身亡，罗切斯特也受伤致残。最后简找到了罗切斯特并和他结了婚，得到了自己理想的幸福生活。

【文学成就】

《简·爱》是一部具有浓厚浪漫主义色彩的现实主义小说，一部带有自传色彩的长篇小说。书中的主人公简的人生追求有两个基本旋律：富有激情、幻想、反抗和坚持不懈的精神；对人间自由幸福的渴望和对更高精神境界的追求。本书通过对孤女坎坷不平的人生经历，成功塑造了一个不安于现状、不甘受辱、敢于抗争的女性形象，反映了一个平凡心灵的坦诚倾诉，一个小写的人成为一个大写的人的渴望。

小说主要描写了简·爱与罗切斯特的爱情。简的爱情观更加深化了她的个性。她认为爱情应该建立在精神平等的基础上，而不应取决于社会地位、财富和外貌，只有男女双方彼此真正相爱，才能得到真正的幸福。在追求个人幸福时，简·爱表现出异乎寻常的纯真朴实的思想感情和一往无前的勇气。她并没有因为自己的仆人地位而放弃对幸福的追求，她的爱情是纯洁高尚的，她对罗切斯特的财富不屑一顾，她之所以钟情于他，就是因为他能平等待人，把她视作朋友，与她坦诚相见。对罗切斯特说来，简·爱犹如一股清新的风，使他精神为之一振。罗切斯特过去看惯了上层社会的冷酷虚伪，简·爱的纯朴、善良和独立的个性重新唤起他对生活的追求和向往。因而他能真诚地在简面前表达他善良的愿望和改过的决心。小说通过罗切斯特两次截然不同的爱情经历，批判了以金钱为基础的婚姻和爱情观，并始终把简·爱和罗切斯特之间的爱情描写为思想、才能、品质与精神上的完全默契。这本小说说明了人最美好的生活是人的尊严和爱，小说的结局给女主人公安排的就是这样一种生活。虽然这样的结局过于完美，甚至这种圆满本身标志着肤浅，虽然罗切斯特的庄园毁了，罗切斯特自己也成了一个残疾人，正是这样一个条件，使简·爱不再在尊严与爱之间矛盾，而同时获得满足，她在和罗切斯特结婚的时候是有尊严的，当然也是有爱情的。

简·爱是个不甘忍受社会压迫、勇于追求个人幸福的女性。无论是她贫困低下的社会地位，或是她那漂泊无依的生活遭遇，都是当时英国下层人民生活的真实写照。作者能够把一个来自社会下层的觉醒的新女性摆到小说的主人公地位，并对主人公为反抗压迫和社会偏见、力争取独立的人格和尊严、为追求幸福生活所做的顽强斗争加以热情歌颂，这在当时的文学作品中是难能可贵的。一个有尊严和寻求平等的简·爱，这个看似柔弱而内心极具刚强韧性的女子也因为这部作品而成为无数女性心中的典范。小说引人入胜地展示了男女主人公曲折起伏的爱情经历，歌颂了摆脱一切旧习俗和社会偏见，扎根于相互理解、相互尊重的基础之上的深挚爱情，具有强烈的震撼心灵的艺术力量。其最为成功之处在于塑造了一个敢于反抗，敢于争取自由和平等地位的女子形象。

九、《欧也妮·葛朗台》

【作者简介】

巴尔扎克（1799 年—1850 年），法国伟大的批判现实主义作家，欧洲批判现实主义文学的奠基人。从 1829 年发表历史小说《朱安党人》开始，此后 20 年时间里，他以惊人的毅力和创作热情，以法国十九世纪上半期的社会生活为题材，创作了长、中、短篇小说和随笔 96 部，总名为《人间喜剧》。《人间喜剧》被誉为"资本主义社会的百科全书"。

【创作背景】

19 世纪上半叶是法国资本主义建立的初期，拿破仑在 1815 年的滑铁卢战役中彻底败北，由此波旁王朝复辟，统治一直延续到 1830 年。由于查理十世的反动政策激怒了人民，七月革命仅仅三天便推倒了复辟王朝，开始了长达 18 年的七月王朝的统治，由金融资产阶级掌握了政权。《欧也妮·葛朗台》发表于 1833 年，即七月王朝初期。刚过去的复辟王朝在人们的头脑中还记忆犹新。复辟时期，贵族虽然从国外返回了法国，耀武扬威，不可一世，可是他们的实际地位与法国大革命以前不可同日而语，因为资产阶级已经强大起来。刚上台的路易十八不得不颁布新宪法，实行民主共和，向资产阶级做出让步，以维护摇摇欲坠的政权。资产阶级虽然失去了政治权力，却凭借经济上的实力与贵族相抗衡。到了复辟王朝后期，资产阶级不仅在城市，而且在贵族保持广泛影响的农村，都把贵族打得落花流水。复辟王朝实际上大势已去。巴尔扎克比同时代作家更敏锐，独具慧眼地观察到这个重大社会现象。

【 内容梗概 】

　　葛朗台是法国索尔城一个最有钱、最有威望的商人。他利用 1789 年的革命情势和种种手段使自己的财产神话般地增长了起来。葛朗台十分吝啬，有一套理财的本领。他为了省钱，家里整年不买蔬菜和肉，所吃的粮食都是由佃户送来，比较重的家务活也由女仆那农做，寒冬腊月也舍不得生火取暖，平时还要扣女儿和妻子的零用钱。他做木桶生意，计算得像天文学家那样准确，投机买卖从不失败，区里人人都吃过他的亏。在一次葡萄酒买卖中，葛朗台欺骗其他葡萄商，最终他的葡萄酒以每桶 200 元卖了出去。

　　1819 年 11 月中旬是他的独生女儿欧也妮的生日，公证人克罗旭一家和初级裁判所所长蓬丰先生到葛朗台家吃饭，还带来稀有的珍品，他们都是来向欧也妮献殷勤的。当他们在欢庆生日时，突然，欧也妮的堂弟夏尔来到了这里。葛朗台却用乌鸦招待夏尔。原来夏尔的父亲因破产自杀，让老葛朗台照顾儿子的前程。老葛朗台看到兄弟的绝命书后不动声色，并且在当夜想好了一套诡计，借口家里有事，请公证人克罗旭和银行家帮忙。银行家拉格桑为讨好葛朗台而毛遂自荐，到巴黎帮助处理死者遗产，他将部分债款还给债权人，余下的按预定计划长期拖延。在这件事情上，葛朗台不但分文不花，还利用银行家在巴黎大做公债买卖，赚了一大笔钱。

　　夏尔可怜的处境得到了欧也妮的同情，巴黎花花公子的打扮和举止也引起了乡里女子的爱慕之心。夏尔为了自己的前程，决定去印度经商。临走之前，欧也妮将自己积蓄的金币 6000 法郎送给他。夏尔也把母亲给他的金梳妆匣留给她作为纪念，两人海誓山盟定下终身。夏尔走后的头一个元旦，葛朗台发现女儿把金币送给了他，就大发雷霆，把她监禁起来。这事惊扰了他的妻子，使她一病不起。公证人警告他，妻子一死，他的财产必须重新登记，欧也妮有继承遗产的权利。葛朗台老头害怕起来，就和女儿讲和，但妻子一死，葛朗台通过公证人让女儿签署了一份放弃母亲遗产继承权的证件，把全部家产总揽在自己手里。老葛朗台临死前，他要女儿把黄金摆在桌面上，他一直用眼睛盯着，好像一个才知道观看的孩子一般。他说："这样好叫我心里暖和！"最后他唤欧也妮前来，对她说："把一切照顾得好好的，到那边来向我交账！"神父来给他做临终法事，把一个镀金的十字架送到他唇边亲吻，葛朗台见到金子，便做出一个骇人的姿势，想把它抓到手，这一努力，便送了他的性命。

1827年吝啬鬼老葛朗台死去，留下1700万法郎，欧也妮继承父业，成了当地首富，人人都向她求婚，她却痴心等待夏尔。但是夏尔在海外经商，逐渐发扬了葛朗台家族的血统，变得小气、贪婪、精于算计、自私自利，并且明白只有利益是最重要的，把乡下的堂姐撇在脑后，并写信与其撇清关系。他要与贵族小姐结婚，但因不肯偿还父亲的债务而受到阻碍。最后，欧也妮答应嫁给公证人的侄儿，但只做形式上的夫妻，并要求他帮她用四百万法郎偿清了叔父的债务，让堂弟过着幸福、名誉的生活。她自己则幽居独处，过着虔诚慈爱的生活，并"在数着不尽的善行义举的伴随下走向天国"。

【文学成就】

《欧也妮·葛朗台》是法国杰出的批判现实主义作家巴尔扎克的《人间喜剧》系列中"最出色的画稿"之一，小说极为成功地塑造了老葛朗台这样一个凶狠残忍、贪财好利而又悭吝成癖的资本家形象，展现出了资本家的无穷贪欲和冷酷无情；揭示了金钱对人的家庭幸福和道德品质上的巨大破坏力量；批判了资产阶级的血腥发迹史和由金钱崇拜带来的社会丑恶和人性沦丧。小说把心理分析、风俗描绘、细节刻画、人物塑造、哲学议论融为一体，取得了很高的艺术成就，在思想和艺术方面标志着巴尔扎克小说创作的一次飞跃。

小说在塑造人物、描写环境、叙述故事等方面取得了惊人的成就。小说中精细入微的环境描写，反映了时代风貌，生动再现了社会各个层面的生活，可以说是整个法兰西历史的一个真实断面。另外，作品结构紧凑、步步深入、一气呵成，各线索之间相互联系，显得跌宕有致。行文如滚滚洪流，直泻而下，笔触酣畅，具有浓烈的抒情意味。这部小说以一部批判现实主义的杰作震撼着每一位读者，在法兰西文学史上具有独特魅力。作者主要采用了典型环境中的塑造典型人物、细节描写、

对比手法、讽刺与幽默手法、漫画式夸张手法等，这些手法的运用使得人物形象栩栩如生、生动传神，带给读者极大的审美享受，同时也为后来作家观察和描摹生活、刻画人物提供了借鉴。

《欧也妮·葛朗台》塑造的葛朗台的形象作为世界文学人物长廊中"四大吝啬鬼"之一而流传后世。本书对于读者来说也是巴尔扎克小说中最具可读性的一部著作，它以讽刺的巧妙运用而吸引着无数读者。

十、《巴黎圣母院》

【作者简介】

维克多·雨果（1802年—1885年），法国作家，19世纪前期积极浪漫主义文学的代表作家，人道主义的代表人物，法国文学史上卓越的资产阶级民主作家，被人们称为"法兰西的莎士比亚"。其一生写过多部诗歌、小说、剧本、各种散文和文艺评论及政论文章，在法国及世界有着广泛的影响力。

1802年，雨果生于法国白桑松，上有兄长二人。13岁时与兄长进入寄读学校就学，兄弟均成为学生领袖。雨果在16岁时已能创作杰出的诗句，21岁时出版诗集，声名大噪。1845年，法王路易·菲利普授予雨果上议院议员职位，自此专心从政。1849年，法国大革命爆发，法王路易被处死刑。雨果于此时期四处奔走，鼓吹革命，为人民贡献良多，赢得新共和政体的尊敬，晋封为伯爵，并当选国民代表及国会议员。三年后，雨果被放逐国外。此后20年间各处漂泊，在此时期，雨果完成小说《悲惨世界》。1870年，法国恢复共和政体（第二共和国），雨果亦结束流亡生涯，回到法国。1885年，雨果辞世。

雨果的创作历程超过了60年，其作品包括26卷诗歌、20卷小说、12卷剧本、21卷哲理论著，合计79卷。其代表作有《巴黎圣母院》《九三年》和《悲惨世界》等。

【创作背景】

《巴黎圣母院》写于法国风云变幻、阶级斗争激烈的年代。1794年雅各宾政权被推翻后，代表大资产阶级利益的政权随之建立，人民群众的处境日益恶化。拿破仑以平息国内叛乱和击退国外封建联军而震动全欧洲，但随后就是波旁王朝的复辟。1824年，路易十八逝世，查理十世执政，是波旁王朝统治最黑暗的时期，极端保皇分子进入内阁，天主教会势力更为猖獗。1830年七月革命后，掠夺革命果实的

银行家统治着法国，金融资产阶级进入全面胜利和巩固时期，但同时，无产阶级也开始登上历史舞台。这一时期法国社会正处于急剧转折之中，各种斗争十分激烈与尖锐。而《巴黎圣母院》这一经典名著就是在这一被动的背景下写成的。

【内容梗概】

15世纪的巴黎，在愚人节那一天，巴黎民众抬着残废畸形的"愚人之王"巴黎圣母院的敲钟人卡西莫多，在圣母院前面的格莱夫广场上欢呼游行。吉普赛少女爱斯梅拉达带着一只小羊跳舞卖艺，穷诗人甘果瓦被她的美貌和舞姿迷住了。他在夜里听到爱斯梅拉达动人的歌声，情不自禁地跟随着她，这时忽然跳出两个男人把她劫走了，他认出其中一个就是奇丑无比的卡西莫多，之后就被卡西莫多打昏了。

甘果瓦醒来后跌跌撞撞，在黑暗中误入了"奇迹宫"的大厅，那是乞丐和流浪汉聚集的地方，外人闯进去就要处死，除非有个流浪女愿意嫁给他。正在千钧一发的危急关头，爱斯梅拉达忽然出现了，原来是巡逻的弓箭队队长弗比斯把她救了出来。她心地善良，不忍看着这个素不相识的年轻人死于非命，表示愿意嫁给他，就和他结成了名义上的夫妻。第二天，卡西莫多被绑在广场上示众，在烈日下口渴难忍，遭受围观者的嘲笑和辱骂，只有爱斯梅拉达不计前嫌，把水送到他的嘴里，使这个看起来丑陋无比的人感动得流下了眼泪。

爱斯梅拉达爱上了外貌英俊的弗比斯，他们在夜里幽会，不料弗比斯被人刺伤，她也因此被当作女巫抓了起来。就在她要被处死的时刻，卡西莫多冲进刑场，把她救到圣母院的钟楼上，因为那里是世俗法律无权管辖的地方。为了她的幸福，卡西莫多去寻找弗比斯，却发现弗比斯已经丢下她另寻新欢去了。巴黎圣母院的副主教克洛德企图纠缠她，原来他看起来一本正经，其实心底邪恶，早就觊觎爱斯梅拉达的美色，正是他指使卡西莫多劫持了她，又躲在窗外用匕首刺伤了弗比斯。卡西莫多是克洛德收养的弃儿，一向对他唯命是从，此时居然在极力保护爱斯梅拉达不受他的凌辱。

法院决定逮捕爱斯梅拉达，流浪汉们赶来营救，遭到国王军队的镇压，死伤惨重。克洛德乘混乱之际，用谎言欺骗甘果瓦把爱斯梅拉达带出圣母院的后门，逼迫她顺从自己，在遭到坚定的拒绝之后，克洛德恼羞成怒，把她交给隐修女看管，自己去叫官兵。隐修女认出爱斯梅拉达是自己16年前丢失的女儿，但是眼看着她被官兵抓去而无能为力，最后被刽子手推倒致死。

克洛德站在圣母院的顶楼上，看到爱斯梅拉达被吊上绞架，发出了得意的狂笑。卡西莫多终于认清了克洛德的狰狞面目，猛扑过去，把他从钟楼顶上推下来摔死，自己则来到刑场上，抱着爱斯梅拉达的尸体遁入了墓地。几年后，人们发现了他们拥抱在一起的遗骸。

【文学成就】

《巴黎圣母院》是雨果第一部大型浪漫主义小说。它以离奇和对比手法写了一个发生在15世纪法国的故事：巴黎圣母院副主教克洛德道貌岸然、蛇蝎心肠，由爱到恨，一直迫害着吉卜赛女郎爱斯梅拉达。面目丑陋、心地善良的敲钟人卡西莫多为救爱斯梅拉达舍身。小说揭露了宗教的虚伪，宣告禁欲主义的破产，歌颂了下层劳动人民的善良、友爱、舍己为人，从中反映了雨果的人道主义思想。

丰富的想象、怪诞的情节、奇特的结构，构成为这部小说的重要特色。这本书是为了叙说"命运"一语而写作的，伟大的人道主义者雨果寻求的是命运的真实内涵。无论是克洛德，还是卡西莫多，他们归根到底都是社会的人，他们内心的分裂与冲突，反映的是他们那个时代神权与人权、愚昧与求知、庞大沉重的黑暗制度与挣扎着的脆弱个人之间的分裂与冲突，终于导致了悲剧中一切人物统统牺牲的惨烈结局。

小说艺术地再现了四百多年前法王路易十一统治时期的真实历史，宫廷与教会如何狼狈为奸压迫人民群众，人民群众怎样同两股势力英勇斗争。小说中的反叛者吉普赛女郎爱斯梅拉达和面容丑陋的残疾人卡西莫多是作为真正的美的化身展现在读者面前的，而人们在副主教克洛德和贵族军人弗比斯身上看到的则是残酷、空虚的心灵和罪恶的情欲。作者将可歌可泣的故事和生动丰富的戏剧性场面有机地连缀起来，形成一部愤怒而悲壮的命运交响曲。《巴黎圣母院》奠定了雨果作为世界著名小说家的崇高地位。

十一、《悲惨世界》

【创作背景】

这部小说的创作动机，来自这样两件事实：1801 年，一个名叫彼埃尔·莫的穷苦农民，因饥饿偷了一块面包而被判五年苦役，刑满释放后，持黄色身份证讨生活又处处碰壁；1828 年，雨果又开始搜集有关米奥利斯主教及其家庭的资料，酝酿写一个释放的苦役犯受圣徒式的主教感化而弃恶从善的故事。在 1829 年和 1830 年间，他大量搜集有关黑玻璃制造业的材料，这便是冉·阿让到海滨蒙特伊，化名为马德兰先生，从苦役犯变成企业家，开办工厂并发迹的由来。此外，他还参观了布雷斯特和土伦的苦役犯监狱，在街头目睹了类似芳汀受辱的场面。 历时 30 多年，从 1828 年起构思，到 1845 年动笔创作，直至 1861 年才终于写完全书。1862 年 7 月初，《悲惨世界》一出版，就获得巨大成功，人们都被书中一种不可抗拒的力量所征服。

【内容梗概】

1802 年，因偷取一块面包并数次企图越狱而被判处 19 年苦役的冉·阿让结束了法国南部土伦苦役场的苦难生活。获释后在前往指定城市的途中，疲惫困顿的冉·阿让推开了当地受人尊重的主教大人卞福汝的大门。好心的主教大人收留了冉·阿让过夜，却不想被冉·阿让偷走银器潜逃。主教大人善意的谎言让冉·阿让幸免再次被捕。感于主教大人的恩惠，冉·阿让化名马德兰来到蒙特伊小城，从此洗心革面，重新做人。十年后，凭借一手办起的玻璃首饰生产工厂，冉·阿让成为一名成功的商人并当上了市长。

冉·阿让的相貌和救助平民的举动引起了警长沙威的注意。沙威是苦役场看守的儿子，曾经见过冉·阿让。在处理芳汀的问题上，冉·阿让和沙威出现了意见上的分歧。淳朴善良的芳汀因受人欺骗而生下私生女珂赛特。如今，芳汀生命危在旦夕，唯一的愿望就是想看一眼寄养在孟费郡客店老板德纳第家的女儿珂赛特。在市长办公室里，听沙威说有一个名叫商马第的人正在替自己受审，冉·阿让经过激烈的思想斗争后，还是选择了投案自首。

冉·阿让回到小城又去看望芳汀，被前来抓捕的沙威挑明苦役犯的身份。芳汀因病绝望地死去。冉·阿让又一次入狱，成为终身苦役。一次，他冒险救下一名水手，趁机跳入水中逃跑，并让人们以为他死了。冉·阿让来到德纳第客店，重金赎回珂赛特，带着珂赛特连夜赶往巴黎。珂赛特以冉·阿让女儿的名义进入贝内迪克修道院后，冉·阿让改名福施勒旺，在修道院当上了一名园丁。

五年的园丁生活过去了，平静的生活因为贵族青年马吕斯看上了貌美如花的珂赛特而再起波澜。1830 年，共和国派青年马吕斯投身于轰轰烈烈的反对波旁王朝的人民起义中后，冉·阿让和此时靠在巴黎街头招摇撞骗为生的德纳第狭路相逢。德纳第设计陷害冉·阿让的阴谋正好被马吕斯听到，在调任巴黎就职的沙威带人来抓捕时，无赖之辈德纳第被捕入狱，而冉·阿让却在混乱中趁机逃走。

尽管此后冉·阿让几次搬家，但在深爱着马吕斯的艾潘妮的帮助下，马吕斯最终找到了珂赛特。看着一对相爱的恋人，冉·阿让成全了两个年轻人美好姻缘。然而，当冉·阿让讲明珂赛特和自己的身世后，马吕斯却对冉·阿让拒而不见。虽然马吕斯夫妇最终认识到了自己的错误并跪在冉·阿让的床前忏悔，但冉·阿让已经奄奄一息了，最后走向了天国。

【文学成就】

《悲惨世界》是雨果小说创作的桂冠，它展现了法国社会从 1793 年至 1832 年间广阔的社会生活画面，形象突出、色彩瑰丽、气势浩大，堪称现实主义与浪漫主义结合的典范。

小说记叙了主人公冉·阿让的悲惨生活史，通过冉·阿让的悲惨命运展示了法国穷苦人民的生活历程，可以说《悲惨世界》是人类苦难的"百科全书"。《悲惨世界》既是雨果思想的总结，更是 19 世纪历史发展与社会现实生活的产物，这不仅因为

它所描绘的图景和它所包含的历史内容，更因为它提出的主要社会问题——即劳动人民悲惨处境问题，以及他所设想的解决方案，无不打上了时代的烙印。

冉·阿让不是一个抽象的人。从出身、经历、品德、习性各方面来说，他都是一个劳动者。他体现了劳动人民各种优秀的品质，他是被压迫、被损害、被侮辱的劳苦人民的代表。他的全部经历与命运，都具有一种崇高的悲怆性，这种具有社会代表意义的悲怆性，使得《悲惨世界》成为劳苦大众在黑暗社会里挣扎与奋斗的悲怆史诗。

《悲惨世界》是一部伟大的作品，已为全世界所接受，作为文学巨著的一个丰碑，也在世界文学宝库中占有不可争议的不朽地位。自问世一个多世纪以来，《悲惨世界》曾被多次拍成电影，它所创造的文学园地是人类文学史上的一块胜地。

十二、《包法利夫人》

【作者简介】

居斯塔夫·福楼拜（1821年—1880年），法国著名作家。1821年12月21日出生于法国卢昂一个传统医生家庭，童年在父亲医院里度过，医院环境培养了他细致观察与剖析事物的习惯，这对其日后文学创作有极大的影响。福楼拜中学时就从事文学写作，早期作品有浓厚的浪漫主义色彩。1840年，他赴巴黎求学，攻读法律，期间结识了雨果；1843年放弃法律，专心学习文学；1846年又回到卢昂定居，之后一直埋头写作。晚年，他曾悉心指导莫泊桑写作。

福楼拜的成就主要表现在对19世纪法国社会风俗人情进行真实细致描写记录的同时，超时代、超意识地对现代小说审美趋向进行探索。福楼拜的主要作品有《包法利夫人》《萨朗波》《情感教育》《圣安东尼的诱惑》等，另外有短篇的小说合集《三故事》，还有一部未完成的小说《布瓦尔和佩库歇》等。19世纪自然主义的代表作家左拉认为福楼拜是"自然主义之父"；而20世纪的法国新小说派又把他称为"鼻祖"。

【创作背景】

19世纪40年代，正是资本主义制度在西欧确立的时期，法国的资产阶级也在"七月革命"后取得了统治地位。伴随着工业革命的逐渐推进，法国的资本主义得到了很大的发展，工农业在这一时期都取得了很大的进步。而小说正是刻画了1848年资产阶级取得全面胜利后的法国第二帝国时期的社会风貌。小说取材于真人真事：一个乡村医生夫人的服毒案。福楼拜写《包法利夫人》花了四年零四个月，每天工作十二小时。正反两面的草稿写了一千八百页，最后定稿不到五百页。1856年《包法利夫人》在《巴黎杂志》上发表，反响很大。

【内容梗概】

平庸的医学生包法利·查理，很勉强才通过准医师考试后，就住在诺曼底鲁安近郊的小村托斯托，跟比他年长而衰弱的寡妇结了婚。他到富裕的农场主家出诊，爱上其女儿爱玛，在太太死后，便与爱玛结婚。

爱玛在修女院时，就憧憬贵族生活的奢华，梦想能过着有魅力的生活。她是个浪漫的女人，面对单调的婚姻生活，和不懂生活情趣的丈夫，她大为不满。在一次贵族家庭的宴会席上，爱玛接触到她梦想中的华丽生活。从这天起，爱玛对自己生活的倦怠感与日俱增，每天闷闷不乐地过日子。看到妻子渐趋消沉的查理，便想到异地治疗法，于是就搬了家。

搬家后，爱玛在这里和公证人的书记赖昂，互相有了淡淡的恋情；但是，在双方都还没有说出彼此间心里的爱意时，赖昂就去巴黎读书了。又变得孤独的爱玛面前出现了专门勾搭女人的罗多尔夫。他用巧妙的话征服了她，爱玛逐渐地积极起来，想和他私奔。然后，罗多尔夫对爱玛感到厌倦后就抛弃了她。

绝望下的爱玛大病一场，好不容易恢复时，却在剧场和从巴黎回来的赖昂相遇，他们那份淡淡的恋情，再度燃烧起来。然而她对感情因无法经常获得满足，因而委身于堕落的快乐中。

不久，由于爱玛为了维持她与那些男人之间关系及各种任性的花费，一再举债，使她在经济上发生问题，结果宣告破产。但是没有人愿意帮助她，在绝望之余她服砒霜自杀了。被遗弃的查理最后也死掉了，而只有非法开业的药剂师郝麦却好运连连，并获得了政府颁发的"名誉勋章"。

【文学成就】

《包法利夫人》在一定意义上是对浪漫主义与浪漫派小说的清算。故事很简单，没有浪漫派小说曲折离奇的情节，而是描写了一个有夫之妇通奸偷情，最终自食恶果的故事。作者的本意也不是讲故事，而是通过故事展示了19世纪中叶法国外省生活的工笔画卷，那是个单调沉闷、狭隘闭塞的世界，容不得半点高尚的理想，乃至爱玛这样对虚幻的"幸福"的追求，而以药剂师郝麦为代表的所谓自由资产者打着科学的旗号，欺世盗名，无往而不胜。

小说描写包法利夫人爱玛为摆脱不幸婚姻，追求不正当爱情而导致堕落毁灭的悲剧。它批判了消极浪漫主义文学的不良影响，尖锐地抨击了外省贵族、地主、高利贷者、市侩的恶德丑行，揭露了资本主义社会腐朽堕落的社会风习及小市民的鄙俗、猥琐，真实地再现了资本主义发展初期在表面繁荣掩盖下的残酷现实。将现实和幻想都作为批判对象，是福楼拜这部小说的独创之处。在理想的对照之下，现实是多么庸俗丑恶；在现实的反衬之下，理想又显得多么空虚苍白可笑。幻想与现实的强大反差，消极浪漫主义的不良影响和丑恶残酷现实的腐蚀，是造成爱玛悲剧的主要原因。

此外，小说也阐释了一个人生普遍存在的困惑：人在追求完美、实现自我价值的时候往往会陷身欲望与现实的冲突，恰如戴上镣铐或落入陷阱，无法解脱，不能自拔，最终可能会导致失败或毁灭，尽管在挣扎过程中或许也有暂时的成功，但总要付出高昂的代价。

《包法利夫人》标志着 19 世纪法国小说史的一个转折，并且在世界范围影响了小说在此后一个多世纪的演变和发展。

十三、《茶花女》

【作者简介】

小仲马（1825 年—1895 年），法国小说家、剧作家，是大仲马的私生子。私生子的身份使小仲马在童年和少年时代受尽别人讥讽。成年后，痛感正是法国社会现实造成了许多像他们母子这样被侮辱和受伤的女人，决心从事写作，以改变社会道德。

《茶花女》是其成名作，他于 1852 年将其改编为同名话剧，获得了更大成功。其后，小仲马又写了 20 余部剧作，现实主义倾向更为鲜明，由于他自己的身世，发表了许多以私生儿为主题的"问题剧"。除《茶花女》以外，他的代表作还有《半上流社会》《金钱问题》《私生子》《奥勃雷夫人的见解》《异国的女性》《克洛德妻子》等。

【创作背景】

《茶花女》是根据巴黎当时一个年仅 20 多岁就被社会迫害致死的名妓阿尔丰西娜·普莱西的真实故事写成的，阿尔丰西娜的死深深地触动了小仲马。当他看到阿尔丰西娜的遗物被拍卖一空的场面之后独自一人在玛德莱娜大街上漫步的时候，心里便已经开始在酝酿《茶花女》这部小说的情节了。

1847 年 6 月，小仲马花了不到一个月的时间便写出了小说《茶花女》，可谓一气呵成。小说《茶花女》于 1848 年在巴黎出版，并引起了巨大的轰动。就在小说《茶花女》问世后不久，小仲马立即尝试着手把它改编成话剧剧本。然而话剧《茶花女》的问世却经历了许多阻力和波折。当时法国的书报检查部门以"该剧不符合道德规范"为借口，进行无理刁难，阻止话剧《茶花女》上演。为此，小仲马不屈不挠地进行了近三年的努力争斗，直到 1852 年 2 月 2 日，话剧《茶花女》才获准在巴黎杂耍剧院演出。而这一天正好是阿尔丰西娜·普莱西去世的五周年纪念日。

【内容梗概】

玛格丽特原来是个贫苦的乡下姑娘，来到巴黎后，开始了卖笑生涯。由于生得花容月貌，巴黎的贵族公子争相追逐，成了红极一时的"社交明星"。她随身的装扮总是少不了一束茶花，人称"茶花女"。

茶花女得了肺病，不得不接受治疗。疗养院里有位贵族小姐，身材、长相和玛格丽特差不多，只是肺病已到了第三期，不久便死了。小姐的父亲是位公爵，他偶然发现玛格丽特很像自己的女儿，便收她做了干女儿。玛格丽特说出了自己的身世，公爵答应只要她能改变自己过去的生活，便负担她的全部日常费用。但玛格丽特不能完全做到，公爵便将钱减少了一半，玛格丽特入不敷出，欠下几万法郎的债务。

玛格丽特回来后，一群客人来访。邻居普吕当丝带来两个青年，其中一个是税务局长杜瓦尔先生的儿子阿尔芒，他疯狂地爱着茶花女。甚至早在一年前，玛格丽特生病期间，阿尔芒每天跑来打听病情，却不肯留下自己的姓名。普吕当丝向玛格丽特讲了阿尔芒的一片痴情，她很感动。玛格丽特和朋友们跳舞时，病情突然发作，阿尔芒非常关切地劝她不要这样残害自己，并向玛格丽特表白自己的爱情。他告诉茶花女，他现在还珍藏着她六个月前丢掉的纽扣。玛格丽特原已淡薄的心灵再次动了真情，她送给阿尔芒一朵茶花，以心相许。

阿尔芒真挚的爱情激发了玛格丽特对生活的热望，她决心摆脱百无聊赖的巴黎生活，和阿尔芒到乡下住一段时间。她准备独自一人筹划一笔钱，就请阿尔芒离开她一晚上。阿尔芒出去找玛格丽特时，恰巧碰上玛格丽特过去的情人，顿生嫉妒。他给玛格丽特写了一封措辞激烈的信，说他不愿意成为别人取笑的对象，他将离开巴黎。但他并没有走，玛格丽特是他整个希望和生命，他跪着请玛格丽特原谅他，玛格丽特原谅了他。

经过努力，玛格丽特和阿尔芒在巴黎郊外租到一间房子。公爵知道后，断绝了玛格丽特的经济来源。她背着阿尔芒，典当了自己的金银首饰和车马来支付生活费

用。阿尔芒了解后，决定把母亲留给他的一笔遗产转让，以还清玛格丽特所欠下的债务。经纪人要他去签字，他不得不离开玛格丽特去巴黎。

那封信原来是阿尔芒的父亲杜瓦尔先生写的，他想骗阿尔芒离开，然后去找玛格丽特。杜瓦尔告诉玛格丽特，他的女儿爱上一个体面的少年，打听到阿尔芒和玛格丽特的关系后表示，如果阿尔芒不和玛格丽特断绝关系，就要退婚。玛格丽特痛苦地哀求杜瓦尔先生，如果要让她与阿尔芒断绝关系，就等于要她的命，可杜瓦尔先生毫不退让。为阿尔芒和他的家庭，她只好做出牺牲，发誓与阿尔芒绝交。

玛格丽特非常悲伤地给阿尔芒写了封绝交信，然后回到巴黎，又开始了昔日的荒唐生活。她接受了瓦尔维勒男爵的追求，他帮助她还清了一切债务，又赎回了首饰和马车。阿尔芒也怀着痛苦的心情和父亲回到家乡。

阿尔芒仍深深地怀念着玛格丽特，他又失魂落魄地来到巴黎。他决心报复玛格丽特的背叛。他找到了玛格丽特，处处给她难堪，骂她是没有良心、无情无义的娼妇，把爱情作为商品出卖。玛格丽特面对阿尔芒的误会，伤心地劝他忘了自己，永远不要再见面。阿尔芒却要她与自己一同逃离巴黎，逃到没人认识他们的地方，紧紧守着他们的爱情。玛格丽特说她不能那样，因为她已经起过誓，阿尔芒误以为她和男爵有过海誓山盟，便气愤地给玛格丽特写信侮辱她，并寄去了一沓钞票。玛格丽特受了刺激，一病不起。新年快到了，玛格丽特的病情更严重了，脸色苍白，没有一个人来探望她，她感到格外孤寂。杜瓦尔先生来信告诉她，他感谢玛格丽特信守诺言，已写信把事情的真相告诉了阿尔芒，现在玛格丽特唯一的希望就是再次见到阿尔芒。临死前，债主们都来了，带着借据，逼她还债。执行官奉命来执行判决，查封了她的全部财产，只等她死后就进行拍卖。弥留之际，她不断地呼喊着阿尔芒的名字，她始终没有再见到她心爱的人。玛格丽特死后，只有一个好心的邻居为她入殓。当阿尔芒重回到巴黎时，邻居把玛格丽特的一本日记交给了他。从日记中，阿尔芒才知道了她的高尚心灵。阿尔芒怀着无限的悔恨与惆怅，专门为玛格丽特迁坟安葬，并在她的坟前摆满了白色的茶花。

【文学成就】

《茶花女》真实生动地描写了一位外表与内心都像白茶花那样纯洁美丽的少女被摧残致死的故事。巴黎风尘女郎玛格丽特为青年阿尔芒的真挚爱情所感动，毅然离开社交生活，与阿尔芒同居乡间。阿尔芒之父责备玛格丽特毁了儿子的前程，玛格丽特被迫返回巴黎重操旧业。阿尔芒盛怒之下，在社交场合当众羞辱她。玛格丽特一病不起，含恨而死。阿尔芒读了玛格丽特的遗书，方知真相，追悔莫及。

小仲马笔下的茶花女，是一个性格鲜明、思想明朗、感情纯真而又富有自我牺牲精神的姑娘。虽然命运和生活把她推进了另一种境界，成为风尘女子，但她纯真的本质没有改变，为了高贵的爱情，她宁可失掉一切，宁可受尽屈辱和误会。甚至为真情付出了生命的代价。茶花女的遭遇和悲惨结局，揭露了资本主义社会对被侮辱、被残害者的冷酷无情，批判了资产阶级虚伪的道德观念。小说充分体现了作者所主张的人道主义思想，着重表现了人与人之间诚挚的交往、宽容、理解和尊重。阿尔芒和玛格丽特之间的爱情体现了人间的真情，人与人之间的关怀、宽容与尊重，体现了人性的爱。

《茶花女》问世后引起了极大轰动，迅速被译成各种文字在世界上广为流传，使得千千万万读者为这则红颜薄命、男女悲欢的故事一洒同情之泪。《茶花女》开创了法国文坛上"落难女郎"系列的先河。

十四、《莫泊桑短篇小说选》

【作者简介】

莫泊桑（1850 年—1893 年），是法国 19 世纪末叶的重要作家，在世界各国拥有众多的读者。他令人瞩目的文学地位是靠 300 多个中短篇小说与 6 部长篇小说奠定的。他的长篇小说《一生》与《漂亮朋友》，堪称世界文库中的名著杰作，而他在短篇小说方面的艺术成就，则使他赢得了"短篇小说之王"的美誉。

【创作背景】

莫泊桑是 19 世纪后半期法国优秀的批判现实主义作家，一生创作了 6 部长篇小说和 356 篇中短篇小说。莫泊桑出身于一个没落贵族之家，母亲醉心文艺，他受老师、诗人路易·布那影响，开始了多种体裁的文学习作；后在福楼拜亲自指导下练习写作，并参加了以左拉为首的自然主义作家集团的活动。莫泊桑参加普法战争和长达十年的职员生涯以及青年时代在诺曼底故乡的生活，都为其短篇小说提供了极为丰富的题材。

【内容梗概】

莫泊桑的文学成就以短篇小说最为突出，被誉为"短篇小说之王"，与契诃夫和欧·亨利齐名。他擅长从平凡琐屑的事物中截取富有典型意义的片断，以小见大地概括出生活的真实。他的短篇小说侧重摹写人情世态，构思布局别具匠心，细节描写、人物语言和故事结尾均有独到之处。本书精选其最脍炙人口的短篇小说 23 篇，包括《羊脂球》《项链》《我的叔叔于勒》等。

【文学成就】

莫泊桑是法国著名批判现实主义作家。他的短篇小说内容广泛，从各个方面反映了当时法国社会各阶层人物的人情世态，生动勾画出一幅幅逼真感人的风俗画，在思想和艺术上都达到了炉火纯青的艺术效果。他经常"冷眼看人生，客观写世界"，在作品中他基本上不直接表达自己的倾向，而是通过故事本身表达这种倾向，尽力做到客观、冷静。但是小说并不是完全没有激情，它的激情隐藏在内容之中。莫泊桑短篇小说布局结构的精巧、典型细节的选用、叙事抒情的手法以及行云流水般的自然文笔，都给后世作家提供了楷模。

莫泊桑是法国文学史上短篇小说创作数量最大、成就最高的作家，其 300 余篇短篇小说的巨大创作量在 19 世纪文学中是绝无仅有的。他的短篇所描绘的生活面极为广泛，实际上构成了 19 世纪下半期法国社会一幅全面的风俗画。更重要的是，他把现实主义短篇小说的艺术提高到了一个前所未有的水平，他在文学史上的重要地位主要就是由他短篇小说的成就所奠定的。逼真自然是莫泊桑在短篇小说创作中追求的首要目标，也是他现实主义小说艺术的重要标志。

十五、《契诃夫短篇小说选》

【作者简介】

安东·巴甫洛维奇·契诃夫（1860 年—1904 年），19 世纪俄国小说家、戏剧家、批判现实主义作家、世界短篇小说艺术大师。契诃夫 1860 年 1 月 29 日生于罗斯托夫省塔甘罗格市；1879 年进入莫斯科大学医学系；1904 年 7 月 15 日因肺炎逝世。其剧作对 20 世纪戏剧产生了很大影响，他坚持批判现实主义传统，注重描写俄国人民的日常生活、塑造具有典型性格的小人物，借此忠实反映出当时俄国社会的现况。他和法国的莫泊桑、美国的欧·亨利齐名为世界三大短篇小说巨匠。

【创作背景】

契诃夫被认为是 19 世纪末俄国现实主义文学的杰出代表，他被称为"世界三大短篇小说之王"之一。在 19 世纪 80 年代的俄国，反动的书刊检查制度空前严格，庸俗无聊的幽默刊物风靡一时。19 世纪 90 年代和 20 世纪初期是契诃夫创作的全盛时期。当时俄国的解放运动进入到无产阶级革命的新阶段，在革命阶级的激昂情绪激荡下，学生以及其他居民阶层中间的民主精神渐趋活跃。随着 20 世纪初社会运动的进一步高涨，契诃夫意识到一场强大的、荡涤一切的"暴风雨"即将降临，社会中的懒惰、冷漠、厌恶劳动等恶习将被一扫而光。他歌颂劳动，希望每个人以自己的工作为美好的未来做准备。

【内容梗概】

本书所选的作品来自契诃夫创作的前后两个时期。在早期作品中除了读者比较熟悉的、具有批判色彩的《变色龙》之外，还有一些轻松诙谐的幽默小说；在后期作品中，以《套中人》为代表，讽刺了俄国社会普遍僵化、禁锢的精神状态。

【文学成就】

契诃夫以语言的精练与准确见长,他善于透过生活的表层进行探索,将人物隐蔽的动机揭露得淋漓尽致。他的优秀剧本和短篇小说没有复杂的情节和清晰的解答,集中讲述一些貌似平凡琐碎的故事,创造出一种特别的、有时可以称之为令人难忘的或是抒情意味极浓的艺术氛围。他采取简洁的写作技巧以避免炫耀文学手段,被认为是19世纪末俄国现实主义文学的杰出代表。他被称为"世界三大短篇小说之王"之一。他一生创作了大量作品,这些作品对世界文学的发展影响很大。托马斯·曼说道:"毫无疑问,契诃夫的艺术在整个欧洲文学中属于最有利、最优秀的一类。"凯瑟琳·曼斯菲尔德说道:"我愿将莫泊桑的全部作品换取契诃夫的一个短篇小说。"的确,契诃夫的作品有着"文短气长"的简洁,这主要得力于他在揭示人物性格时一针见血的形象化点染及开门见山的创作笔法。其许多作品都被视为经典广为传阅。他的作品在俄罗斯文学乃至世界文学都占有着极重要的地位。

十六、《欧·亨利短篇小说选》

【作者简介】

欧·亨利（1862年—1910年），原名威廉·西德尼·波特，美国最著名的短篇小说家之一，被誉为美国现代短篇小说之父。欧·亨利的人生之路崎岖、艰苦而又不幸，3岁丧母，15岁就走向社会，从事过牧童、药剂师、会计员、办事员、制图员、出纳员等多种职业。1889年，他和罗琦不顾她父母的反对私奔成婚，并在年轻妻子鼓励下走上创作道路，创办《滚石》杂志，发表一些讽刺性的幽默小品。后来，他因挪用银行资金被判五年徒刑。出狱后，他迁居纽约专门从事写作，每周为《世界报》提供一个短篇，但因第二次婚姻的不幸，加之饮酒过度，1910年6月5日在纽约病逝。其一生创作了270多个短篇小说、1部长篇小说及少量诗歌，在世界小说史上占有重要位置，被比作"美国的莫泊桑"。

【创作背景】

19世纪80年代至20世纪初的美国，随着资本主义逐渐向垄断发展，各种社会矛盾日益显露突出。欧·亨利长期生活在下层，形形色色的社会现象使他对这些矛盾感同身受。曲折的人生、丰富的经历、独特的视角和敏锐的观察，使他情不自禁地把社会的各种现象形象地概括在自己的作品中，如下层劳动群众生活的贫穷艰辛、道貌岸然的上流骗子、巧取豪夺的金融寡头、肆无忌惮的买卖官爵，以及失业、犯罪等。其作品对贫民充满了同情，对资产阶级剥削者从不同角度予以批判与揭露，道出了下层劳动群众对剥削、压迫的愤怒反抗与心声。

【内容梗概】

本书选录了欧·亨利最脍炙人口的短篇小说 34 篇，包含《爱的牺牲》《麦琪的礼物》《警察与赞美诗》《咖啡馆里的世界公民》《带家具出租的房间》《证券经纪人的浪漫故事》《财神和爱神》《包打听》等佳作，其作品幽默风趣，结局往往出人意表。

【文学成就】

欧·亨利的写体风格夸张、幽默又诡异。他善于捕捉细微的生活场景，描述人物的喜怒哀乐。其笔下的人物无不栩栩如生、爱憎分明。他以幽默的笔法化解了笔下人物的悲情，用"含泪微笑"的方式嘲讽当时的资本主义社会，更加深了其作品的社会意义。

其小说的最大特色在于其"出人意表的结局"，即"欧·亨利手法"。小说情节一路巧妙安排，极其戏剧化，往往发展到最后便笔锋一转，令人啼笑皆非。这种写法手法深深影响着美国文坛。

十七、《战争与和平》

【作者简介】

列夫·尼古拉耶维奇·托尔斯泰（1828年—1910年），是19世纪中期俄国批判现实主义作家、思想家、哲学家。托尔斯泰出身于贵族家庭，1840年入喀山大学；1847年退学回故乡在自己领地上做改革农奴制的尝试；1851—1854年在高加索军队中服役并开始写作；1854—1855年参加克里米亚战争；1855年11月到彼得堡，进入文学界；1857年托尔斯泰出国，看到资本主义社会重重矛盾，尝试寻找消灭社会罪恶的途径；1860—1861年，为考察欧洲教育，托尔斯泰再度出国，结识赫尔岑，听狄更斯演讲，会见普鲁东；1863—1869年托尔斯泰创作了长篇历史小说《战争与和平》；1873—1877年完成其第二部里程碑式巨著《安娜·卡列尼娜》；70年代末，托尔斯泰的世界观发生巨变，写成《忏悔录》；80年代创作了剧本《黑暗的势力》《教育的果实》，中篇小说《魔鬼》《伊凡·伊里奇之死》等；1889—1899年创作的长篇小说《复活》是他长期思想、艺术探索的总结。托尔斯泰晚年力求过简朴的平民生活，1910年10月从家中出走，11月7日病逝于一个小站，享年82岁。

【创作背景】

1860年托尔斯泰在国外旅行期间，在意大利的佛罗伦萨遇见了一位远亲、从西伯利亚流放地被赦免回来的著名十二月党人谢·格·沃尔康斯基。同沃尔康斯基的长谈使作者产生了创作一本关于十二月党人的小说的想法。1861年3月26日，他在布鲁塞尔写信给赫尔岑表示，他4个月前开始构思一部长篇小说，主人公是从西伯利亚回来的十二月党人。他写的这个十二月党人应是一个狂热者、神秘主义者和基督徒。十二月党人用严厉的，多少有些理想主义的眼光来衡量新俄罗斯。作者给屠格涅夫读了开头，最初几章受到了他的赞成。但是小说只写了三章就搁置了。

1863 年，托尔斯泰又重新动手开始写。从此，托尔斯泰形成了一个想法：写一部俄国同拿破仑交战时期的历史小说，这就是日后的《战争与和平》。

【内容梗概】

1805 年，在拿破仑率兵征服欧洲后，法国与俄国之间也发生战争。青年公爵安德烈·保尔康斯基把怀孕的妻子交给退隐于领地秃山的父亲及妹妹玛莉亚后，就担任库图佐夫将军的副官，向前线出发去了。他期望这次战争能为自己带来辉煌与荣耀。

安德烈·保尔康斯基的刚留学回来的好友彼尔，是别竺豪夫伯爵的私生子，由于继承了伯爵身后的全部遗产，因此，他摇身一变成为莫斯科数一数二的资本家，当然也成为社交界的宠儿。居心叵测的监护人拉金公爵看上这一点，便计划将貌美但品行不端的小姐爱伦嫁给他，结果计谋顺利达成。婚后不久的彼尔因妻子爱伦与好友多勃赫夫之间有暧昧风声传出，他与多勃赫夫进行搏斗，并幸运地击倒对方，随之与妻子分居，自己陷入了善恶和生死的困扰之中，在加入共济会后，受到宽宏大量的哲学的熏陶，接回了妻子。安德烈·保尔康斯基所属的俄军在奥斯特里茨之役战败，他带着军旗独自冲入敌阵，不幸受了重伤。但是，当他突然抬头看见那永恒的蓝天时，不禁为那份庄严之美深受感动，霎时觉得过去那些野心、名誉及心目中认为伟大的拿破仑，都变得微不足道了。从此以后，他陷于善恶与生死问题的困扰中，直至认识了互助会的领导人后，才进入新的信仰生活里。一直被认为已战死沙场的安德烈·保尔康斯基突然回到秃山的那一晚，其妻莉莎正好产下一名男婴后去世，这使安德烈·保尔康斯基觉得自己的人生已告结束，便下定决心终老于领地。

1807 年 6 月，俄法言和，和平生活开始了。1809 年春天，安德烈·保尔康斯基因贵族会之事而去拜托罗斯托夫伯爵。在伯爵家他被充满生命力的年轻小姐娜达莎深深地吸引了。但由于秃山老公爵强烈反对，只好互相约以一年的缓冲期，而后，安德烈·保尔康斯基即出国去了。年轻的娜达莎无法忍受寂寞，且经不起彼尔之妻爱伦的哥哥阿纳托尔的诱惑，而擅自约定私奔，因此，与安德烈·保尔康斯基的婚约也宣告无效。

1812 年，俄法两国再度交战，安德烈·保尔康斯基于多勃琪诺战役中身受重伤，而俄军节节败退，眼见莫斯科即将陷于敌人之手了。罗斯托夫家将原本用来搬运家

产的马车，改派去运送伤兵，娜达莎于伤兵中发现将死的安德烈·保尔康斯。她向他谢罪并热诚看护他，但一切都是徒劳了，安德烈·保尔康斯基还是去世了。

彼尔化装成农夫，想伺机刺杀拿破仑，但却被法军逮捕而成为俘虏。其妻爱伦于战火中，仍继续其放荡行为，最后，因误服堕胎药而死。

几番奋战后，俄国终于赢得胜利，彼尔于莫斯科巧遇娜达莎，两人便结为夫妇，而安德烈·保尔康斯基的妹妹玛莉亚也与娜达莎之兄尼克拉结婚，组成了一个幸福的家庭。

【文学成就】

故事以1812年俄法战争为中心，反映了1805年至1820年的重大事件，包括奥斯特利茨大战、波罗底诺会战、莫斯科大火、拿破仑溃退等。通过对四大家庭以及安德烈、彼尔、娜塔莎在战争与和平环境中的思想和行动的描写，展示了当时俄国社会的风貌，揭示了人道主义与博爱精神的主题思想。

《战争与和平》虽然描写的不是农民生活，但是在描写战争与主人公安德烈之外，作者也塑造了很多其他的"悲惨"人物，来表达自己对他们的同情。这一切凸显了托尔斯泰"被侮辱与被损害者"的人道主义思想。虽然故事发生在贵族阶层，但很明显，受迫害的绝不只是小说里的贵族，受到战争迫害的也不只是主人公安德烈，而是千百万劳动人民。在表达对战争的不满的同时，作为虔诚的说教者，他又强烈地宣传"不要用暴力和邪恶抗争"和"道德上的自我改善"等博爱主张。

《战争与和平》描绘了俄罗斯卫国战争时期真实而丰富的人民生活。俄国人民在强敌的残酷掠夺下毫不气馁，以正义的战争去制止非正义的战争，争取和平生活。即使在硝烟弥漫的战场，俄罗斯人民还是那么诙谐活泼、生动可爱；但一旦投入战争，他们又毫无顾虑、为国捐躯。他们身上的英雄主义和爱国精神才是使卫国战争得以胜利的最根本保证。不仅如此，书中的一些主要人物如安德烈、彼尔等具有民主主义思想的贵族，都在同人民一起战斗中不断探索人生道路、思考贵族命运，在战火纷飞中受到洗礼与改造，最后在人民力量中间寻求到了真理。

小说《战争与和平》对人物心理乃至整个民族心理所做的洞察，既具有史诗小说的壮阔色彩，又不失深切的表现力，这是成功的长篇史诗小说建构的不断向深层突进的表现之一。作品着意对社会生活做全景式的宏观概括，实现了创作主体的史诗美学理想和对作品本身的超越。从而使他必然能超越于司各特式历史小说以较单纯的历史风俗描绘展现历史人物的建构模式。

在整个俄国文学的发展历史中,《战争与和平》是第一部具有全欧洲意义的小说,构成了俄国小说乃至整个俄国文学崛起的标杆。

十八、《童年》

【作者简介】

玛克西姆·高尔基（1868年—1936年），原名阿列克赛·马克西姆维奇·别什可夫，苏联作家、诗人、评论家、政论家、学者。

高尔基于1868年3月16日生于伏尔加河畔下诺夫戈罗德镇的一个木匠家庭。4岁时父亲去世，他跟母亲一起在外祖父家度过了童年。10岁那年，高尔基开始独立谋生，他先后当过学徒、搬运工、看门人、面包工人等，切身体验到了下层人民的苦难。在此期间，他发奋读书，开始探求改造社会的真理。1884年，他参加民粹党小组，阅读民粹党人著作和马克思的著作，积极投身于革命活动。1905年，高尔基加入了俄国社会民主工党。1906年，高尔基受列宁的委托，由芬兰去美国进行革命活动，并在美国出版了长篇小说《母亲》。之后高尔基定居意大利卡普里岛。1913年，高尔基从意大利回国，从事无产阶级文化组织工作，主持《真理报》的文艺专栏。1917年十月革命后，伴随着革命出现的混乱、破坏、无政府主义思潮及各种暴力事件，高尔基与列宁及新政权之间产生了矛盾。1921年10月，由于疾病，也由于与布尔什维克政权的分歧，高尔基出国疗养。1928年，高尔基回到苏联，在斯大林的安排下，他在俄罗斯进行了两次长途旅行观光后决定回国定居，并于1934年当选作协主席。回国后的高尔基作为苏联文化界的一面旗帜，为苏维埃的文化建设做了大量工作。但20世纪30年代苏联出现的种种问题又使他与斯大林及现实政治始终保持一定的距离。1936年6月18日，高尔基因病去世。其代表作有自传体三部曲《童年》《在人间》《我的大学》等。

【创作背景】

《童年》是高尔基自传体小说三部曲中的第一部。早在19世纪90年代，高尔基就有撰写传记体作品的念头。在1908年至1910年间，列宁到高尔基所在的意大利卡普里岛公寓做客，高尔基不止一次地向他讲起自己的童年和少年的生活。有一次，列宁对高尔基说："您应当把一切都写出来，老朋友，一定要写出来！这一切都是富有极好的教育意义的，极好的！"高尔基说："将来有一天，我会写出来……"不久，他实现了这个诺言。

高尔基在这本书中真实地描述了自己苦难的童年，反映了当时社会生活的一些典型的特征，特别是绘出了一幅俄国小市民阶层风俗人情的真实生动的图画。它不但揭示了那些"铅样沉重的丑事"，还描绘了作者周围的许多优秀的普通人物，其中外祖母的形象更是俄罗斯文学中最光辉、最富有诗意的形象之一。是这些普通人给了幼小的高尔基良好的影响，使他养成了不向丑恶现象屈膝的性格，成长为坚强而善良的人。

【内容梗概】

阿廖沙三岁时，失去了父亲，母亲瓦尔瓦拉把他寄养在外祖父卡什林家。外祖父家住在尼日尼——诺弗哥罗德城。外祖父年轻时是一个纤夫，后来开染坊成了小业主。阿廖沙来到外祖父家时，外祖父的家业已经开始衰落，由于家业不景气，外祖父变得也愈加专横暴躁。阿廖沙的两个舅舅米哈伊尔和雅科夫为了分家和侵吞阿廖沙母亲的嫁妆而不断地争吵、斗殴。在这个家庭里，阿廖沙看到人与人之间弥漫着仇恨之雾，连小孩也为这种气氛所毒害。阿廖沙一进外祖父家就不喜欢外祖父，害怕他，"感到他的眼里含着敌意"。

一天，他出于好奇，又受表哥怂恿，把一块白桌布投进染缸里染成了蓝色，结果被外祖父打得失去了知觉，并得了一场大病。从此，阿廖沙就开始怀着不安的心情观察周围的人们，不论是对自己的，还是别人的屈辱和痛苦，都感到难以忍受。他的母亲由于不堪忍受这种生活，便丢下了他，离开了这个家庭。但在这个污浊的

环境里，也存在另外一种人，另外一种生活。这里有乐观、纯朴的小茨冈，正直的老工人格利高里。每逢节日的晚上，雅科夫就会弹吉他，奏出动人心弦的曲调。外祖母跳着民间舞，犹如恢复了青春。这一切使阿廖沙既感到欢乐又感到忧愁。在这些人当中，外祖母给阿廖沙的影响是最深的。外祖母慈祥、善良、公正、热爱生活，对谁都很忍让，有着圣徒一般的宽广胸怀，相信善良总会战胜邪恶。她知道很多优美的民间故事，那些故事都是怜悯穷人和弱者、歌颂正义和光明的。她信仰的上帝也是可亲可爱，与人为善的。而外祖父的上帝则与之相反，他不爱人，总是寻找人的罪恶，惩罚人。后来，外祖父迁居到卡那特街，招了两个房客。一个是进步的知识分子，绰号叫"好事情"，他是阿廖沙所遇到的第一个优秀人物，他给阿廖沙留下了难以磨灭的印象；另一个是抢劫教堂后伪装成车夫的彼得，他的残忍和奴隶习气引起了阿廖沙的反感。母亲在一天早晨突然回来了，她的变化使阿廖沙心里感到十分沉痛。开始，她教阿廖沙认字读书，但是，生活的折磨使她渐渐地变得心浮气躁，经常发脾气。后来母亲的再婚，使得阿廖沙对周围的一切都失去了兴趣，他竭力避开大人，想一个人单独生活。就这样经过了一个夏天的思考之后，他终于增强了力量和信心。母亲婚后生活是不幸福的，她经常受到打骂，贫困和疾病吞蚀着她的美丽。由于她心情不好，对阿廖沙常常表现出冷酷和不公平。阿廖沙在家中感受不到温暖，在学校也饱受歧视和刁难。因此，在阿廖沙的心灵中，"爱"的情感渐渐被对一切的"恨"所代替。由于和继父不和，阿廖沙又回到外祖父家中，这时外祖父已经全面破产，他们的生活也越来越困苦。为了糊口，阿廖沙放学后同邻居的孩子们合伙捡破烂卖。同时，也收获到了友谊和同情，但这也招致学校的非难。最后，他以优异的成绩读完了三年级，就永远地离开了学校。之后阿廖沙母亲去世，他埋葬了母亲，不久便到了"人间"来谋生。

【文学成就】

《童年》是高尔基以自身经历为原型创作的自传体小说三部曲中的第一部（其他两部分别为《在人间》《我的大学》），写出了高尔基对苦难的认识，以及对社会人生的独特见解，字里行间涌动着一股生生不息的热望与坚强。《童年》内涵丰厚、耐人寻味，为我们描绘了一个精彩纷呈的精神世界。小说通过一个渐渐长大的孩子阿廖沙的生活，以孩子的眼光来观察和了解周围的世界，让我们看到了一个倔强、富有同情心和不断追求的青少年形象和他在成长期所遇到的种种问题以及所经受的各种心理考验，生动地再现了19世纪七八十年代俄罗斯下层劳动人民的生活状况：俄国大革命的前夕，整个社会处于沙皇的统治之下，人民流离失所，儿童无钱上学，沦落街头，靠捡破烂为生，也正是这种民不聊生的社会环境造成了阿廖沙童年的悲剧。

同时，小说也描写了阿廖沙周围那些善良的人们，他们对阿廖沙人生观的形成有着重要的影响，从正面唤起了阿廖沙对生活的热烈向往。这些人都不同程度地向阿廖沙敞开自己的心灵，帮助他了解到在生活中除丑事之外，还存在着健康与富有创造性的东西。

《童年》是一本独特的自传。它不像大多数自传那样，以一个主人公为形象创造出一幅肖像来；而更多地像一幅斑斓的油画，复原了一个时代，一个家庭里的一段生活。这段生活中，出现了许许多多的主人公。无论是美的，还是丑的，都同时站在读者面前，冲击着读者的心灵。《童年》以其独特的艺术形式，深刻的思想内容和独树一帜的艺术特色在俄国文学乃至世界文学史中占有重要地位，具有不可比拟的艺术的价值。

十九、《汤姆叔叔的小屋》

【作者简介】

哈丽叶特·比切·斯托（1811 年—1896 年），美国作家，1811 年 6 月 14 日出生于北美一个著名的牧师家庭，曾当过教师。19 世纪 20 年代起，废奴制问题就成为美国进步舆论的中心议题。当时许多著名的美国作家都站在废奴的一边，为解放黑奴而呼吁。斯托夫人便是这批废奴作家中最杰出的一位。斯托夫人曾被美国的权威期刊《大西洋月刊》评为影响美国的 100 位人物之一。

【创作背景】

出生于康涅狄格州的斯托夫人，是哈特福德女子学院的一名教师，也是一名积极的废奴主义者。1850 年，美国通过了第二部《逃亡奴隶法》，将协助奴隶逃亡定为非法行为予以惩处，并限制逃亡者与自由黑人所拥有的权利。为了回应这部法律，斯托夫人写成了这部小说。

《汤姆叔叔的小屋》的一部分创作灵感来自乔赛亚·亨森的自传。亨森是一位黑人，他曾是奴隶主艾萨克·赖利所拥有的一名奴隶，生活并劳作于马里兰州北贝塞斯达地区的烟草种植园中。1830 年，亨森逃到了上加拿大省（即今安大略省），并摆脱了奴隶身份；此后，他协助了一些逃亡奴隶抵达该地，自己也过上了自给自足的生活，并写出了他的回忆录。斯托夫人自己也曾明确地承认，是亨森的作品启发了她，从而让她写出了《汤姆叔叔的小屋》。当她居住在与蓄奴的肯塔基州一河相隔的俄亥俄州辛辛那提市时，她曾采访过大量逃亡至该地的奴隶，而此中获得的材料亦成为其小说的基础。

【内容梗概】

汤姆被卖到河的下游去

小说开始于肯塔基州农场主亚瑟·谢尔比正面临着将因欠债而失去其田地的困境，尽管他与他的妻子（埃米莉·谢尔比）对待他们的奴隶十分友善，但谢尔比还是决定将几名奴隶卖给奴隶贩子来筹集他急需的资金。被卖掉的奴隶有两名：其一为汤姆叔叔，即有着妻子儿女的中年男子；其二为哈里，即埃米莉的女仆伊丽莎的儿子。

当伊丽莎无意中听到谢尔比夫妇打算将汤姆与哈里卖掉的对话后，伊丽莎决定带着她的儿子逃跑。他们在深夜里动身出发，并给女主人留下了一张致歉的纸条。但是，汤姆叔叔被卖掉了，他乘坐着一艘轮船，沿着密西西比河顺流而下。在船上时，汤姆认识并照顾了一位年幼的白人女孩伊娃。当伊娃落到河里后，是汤姆救了她。伊娃为了感谢他，伊娃的父亲奥古斯丁·圣克莱尔将汤姆从奴隶贩子的手里买来，并将汤姆带到了他在新奥尔良的家中。在这段时期里，汤姆与伊娃变得亲密无间，他们都深信着基督教。

追捕伊丽莎家庭

在伊丽莎逃亡途中，她偶然遇见了比她先一步逃走的丈夫乔治·哈里斯，他们决定前往加拿大。然而，他们却被一个名叫汤姆·洛克的奴隶猎人盯上了。最后，洛克与他的同伙诱捕了伊丽莎与她的家人，这导致乔治被迫向洛克开枪。担心洛克死掉的伊丽莎，说服了乔治，将这名奴隶猎人送到了附近的贵格会定居点以接受治疗。

回到新奥尔良后，圣克莱尔与他的北方堂姐奥菲利亚因对奴隶制的不同见解而发生了争吵。奥菲利亚反对奴隶制度，但却对黑人持有偏见；然而，圣克莱尔却认为自己没有这些偏见，即使他自己是一位奴隶主。为了向他的堂姐说明她对于黑人的观点是错误的，圣克莱尔买了一名黑人女孩托普西，并请奥菲利亚去教育托普西。

在汤姆与圣克莱尔一同生活了两年后，伊娃得上了重病。在她死之前，她在一场梦境中梦见了天堂，她把这场梦告诉了她身边的人。由于伊娃的死与她的梦境，其他的人决定改变自己的生活：奥菲利亚决定抛弃自己从前对黑人的偏见，托普西则说她将努力完善自己，而圣克莱尔则承诺将给予汤姆以自由。

汤姆被卖给赛门·勒格里

在圣克莱尔履行他的诺言之前，他却因为介入一场争斗而被猎刀刺死。圣克莱尔的妻子拒绝履行其丈夫生前的承诺，在一场拍卖会中将汤姆卖给了一名凶恶的农场主赛门·勒格里。勒格里将汤姆带到了路易斯安那州的乡下。汤姆在这里认识了勒格里的其他奴隶，其中包括埃米琳。当汤姆拒绝服从勒格里的命令去鞭打他的奴隶同伴时，勒格里开始对他心生厌恶。汤姆遭受到了残忍的鞭笞，勒格里决意要压垮汤姆对上帝的信仰，但汤姆拒绝停止对《圣经》的阅读，并尽全力安慰其他奴隶。在种植园期间，汤姆认识了勒格里的另一名奴隶凯茜。凯茜先前在被拍卖的时候，曾被迫与她的子女分离，由于不堪忍受另一个孩子被出卖的痛苦，她杀死了自己的第三个孩子。

在这个时候，在被贵格会教徒治愈后汤姆·洛克发生了改变。乔治、伊丽莎与汤姆在进入加拿大后获得了自由。而在路易斯安那州，当汤姆叔叔对上帝的信仰就快被在种植园中遭受的折磨所击垮时，他经历了两次梦境——一次是耶稣，而另一次则是伊娃。这使得他决意保留自己对基督的信仰直至死亡。他鼓励凯茜逃跑，并让她带上埃米琳。当汤姆拒绝告诉勒格里凯茜与埃米琳逃往何方时，勒格里命令他的监工杀死汤姆。在他垂死时，汤姆宽恕了两位监工野蛮殴打他的行为：受其品格的感召，这两人都皈依了基督。在汤姆临死前，乔治·谢尔比（亚瑟·谢尔比的儿子）出现了，他要买回汤姆的自由，但却发现这已经太迟了。

最后的片段

在乘船通往自由的路上，凯茜与埃米琳遇见了乔治·哈里斯的姐姐，并与她一同前往加拿大。曾经有一次，凯茜发现伊丽莎便是她失散已久的女儿。而现在他们终于重逢了，他们前往了法国，并最终抵达了利比里亚——一个容纳前美国黑奴生活的非洲国家。在那里，他们又见到了凯茜失散已久的儿子。乔治·谢尔比回到了肯塔基州的农场，释放了他全部的奴隶，并告诉他们，要铭记汤姆的牺牲以及他对基督真义的信仰。

【文学成就】

《汤姆叔叔的小屋》是一部反奴隶制小说。这部小说中关于非裔美国人与美国奴隶制度的观点曾产生过意义深远的影响，并在某种程度上激化了导致美国内战的地区局部冲突。全书都被同一个主题所主宰：奴隶制度的罪恶与不道德。当斯托夫人通过对黑奴制度拆散他人家庭的刻画，用文字展现了奴隶制度的罪恶。

作为在美国的第一部被广泛传阅的政治小说，《汤姆叔叔的小屋》不仅对美国文学的发展产生了巨大的影响，还广泛地影响了抗议文学的发展。后来厄普顿·辛克莱的《丛林王子》与雷切尔·卡森的《寂静的春天》都是受其影响至深的作品。

《汤姆叔叔的小屋》巧妙地揭露了南方奴隶制度的野蛮和残暴，其弥漫着一种旧时代人民对生存中存在的深刻的恐惧，它激发了全美人民的正义之情，吹响了反对奴隶制的号角，最终掀起了南北战争，从而使得奴隶获得自由。同时小说中所体现出的那种与人性弱点做斗争的精神似乎解决了人类现实生活中最难以逃脱的困境。所以这部小说当之无愧地成为美国历史上独一无二的引发历史变革的作用，成为文学历史上最伟大的作品。

二十、《热爱生命》

【作者简介】

杰克·伦敦（1876 年—1916 年），原名为约翰·格利菲斯·伦敦，美国著名现实主义作家，1876 年生于旧金山一个破产农民的家庭。因家境贫困，杰克·伦敦自幼从事体力劳动，当过童工、装卸工和水手等，后又在美国各地流浪。杰克·伦敦靠劳动所得曾进加州大学伯克利分校学习，后因贫困被迫退学，之后加入过阿拉斯加等地淘金者的行列。早年坎坷的生活经历为杰克·伦敦后来从事创作提供了丰富的源泉。他的创作思想较为复杂，受到过马克思、斯宾塞、尼采等多人影响，在他青年时代的作品中，跳动着向资本主义社会挑战的脉搏，成名后逐渐陷入极端个人主义和空虚中，1916 年 11 月 22 日，杰克·伦敦因服用吗啡过量而身亡。他一共写过 19 部长篇小说、150 多篇短篇小说和故事和 3 部剧本。其主要作品有《狼的儿子》《野性的呼唤》《热爱生命》《海狼》等。

【创作背景】

杰克·伦敦所处的时代，由于工业革命，美国经济飞速发展，社会结构发生重大改变，同时也导致了贫富差距的加大。社会底层人民梦想致富并挤入上流社会，而富人又渴望得到更多的财富。这样，人人都有着自己美好的美国梦，并付诸努力去实现。1896 年，不计其数的美国淘金者涌入阿拉斯加，伦敦和他的哥哥也在其中。他们希望能迅速致富。在这个庞大的淘金大军中，只有五千人进入到矿区，只有一千人实现了淘金梦平安归来。

十九世纪后半期到二十世纪初，欧美资本主义国家进入了垄断资本主义时期。这使得人民失去了乐观向上精神，叔本华和尼采的学说广泛传播，其中尼采的超人哲学影响最为深远。杰克·伦敦的《热爱生命》就深受这种学说的影响。当时美国文坛"世纪末文学"的潮流正流行，这股潮流专注于死亡、病态，加重了社会的悲观厌世情绪。

【内容梗概】

一个美国西部的淘金者在返回的途中受了伤，他的伙伴无情地抛弃了他，他独自在荒原上寻找着出路。脚伤让他每前进一步都非常困难，更可怕的是难以忍受的饥饿。处于无奈，他将淘来的金沙平均分成两份，将其中的一份小心翼翼地藏好，带着另外一份继续艰难地前行。令他喜出望外的是，他在途中发现了一只受伤的松鸡，他似乎看到了希望，忍着剧烈的脚痛拼命地去追赶那只松鸡，结果却迷路了。此时的他消耗掉了相当多的体力，因而他选择把剩下的金沙又分成了两份，然而这一次他把其中的一份儿直接倒在了地上。没过多久，他就把所有的金沙全都扔掉了。就在他的身体非常虚弱的时候，他遇到了一只生病的狼。他发现这只病狼跟在他的身后，舔着他的血迹尾随着他。就这样，两个濒临死亡的生灵拖着垂死的身躯，在荒原上互相准备猎取对方。为了活着回去、为了战胜病狼，人与狼的战斗中最终人获得了胜利，他咬死了狼，喝了狼的血。最终他获救了，使生命放射出耀眼的光芒。

【文学成就】

杰克·伦敦"为生存而拼搏"并获得成功，他喜欢用"狼"自比，小说中的场景构造无疑是他对社会进化论思想的体现。艰难爬行的主人公和一直尾随其后的饥饿不堪、奄奄一息的狼所面临的选择是简单而清晰的：要么战胜对方生存下去；要么被对方战胜，沦为牺牲品。主人公以他坚毅勇敢的性格和顽强不屈的生命意志，在同狼的最后搏斗中取胜，成为真正的"强者"。小说启示人们，生命是神奇而宝贵的，只有敬畏生命、热爱生命，才能让生命光芒四射。作品中的"狼"可以看作险恶的自然环境与自然力量的一种隐喻。

主人公意志坚强、不畏困难，同大自然勇敢斗争；在饥饿、寒冷和伤痛中顽强挣扎；在同病狼的搏斗中获得胜利，终于战胜了死亡。主人公具有一种超常的意

志和"超人"的品质，他的顽强意志和勇敢精神几乎超越了生命的极限——这就是他的"生命意志"，一种原始的生命的本能力量；"事实上，他早已失去了兴致和热情"，但"内在的生命却逼着他前进"。在小说中，文明社会的人和野性的动物，站在了同一地平线上。在自然面前，社会赋予他的一切特性都失效了，什么理想、什么抱负都是空谈，只有"活着"，才是生命的最终意义。因此，这个"人"已不仅仅是一个普通人，而是作为一种思想的象征物，他没有名字，狼当然也没有，他们只是两个生物。平等的两个生物，为了"活下去"，而展开了一场残酷的生命追逐。作品最富感染力的细节描写和人物内心世界的刻画，以及大量的人物行动表现作者想要表达的"强者"的性格。

通过比喻和象征手法的运用，作者成功地塑造了一个生命意志坚强、具有鲜明性格和超人勇气的强者形象。作品反复渲染不畏艰险困苦、勇敢顽强地同大自然做斗争的过程，字里行间渗透出的是人的顽强意志和热爱生命的深刻主题。

二十一、《泰戈尔诗选》

【作者简介】

拉宾德拉纳特·泰戈尔（1861年—1941年），印度诗人、哲学家、作家、社会活动家和印度民族主义者。泰戈尔出身于加尔各答市的望族，没有受过正规的学校教育，但在父兄的教导下，他掌握了丰富的历史与文学知识；14岁时就有诗作发表；1878年赴英留学，学习英国文学和西方音乐；1880年回国后专门从事文学活动。泰戈尔于1913年获诺贝尔文学奖，此后出访了欧洲很多国家及中国、日本和苏联等。

他在诗歌方面的主要作品有抒情诗集《暮歌》《晨歌》《金帆船》《缤纷集》《收获集》《园丁集》《新月集》《飞鸟集》和哲理短诗集《故事诗集》等。在小说方面的代表作有长篇小说《沉船》《戈拉》《家庭与世界》，中篇小说《两姊妹》《四个人》，短篇小说《河边的台阶》《饥饿的石头》等。另外，还有戏剧《国王》《邮局》等。泰戈尔的创作融合了印度传统和西方文学的有益成分，对印度现代文学的发展产生了很大影响。

《泰戈尔诗选》这本书是泰戈尔在获得诺贝尔文学奖后，曾就他所创作的孟加拉文的诗歌，陆续挑选他最喜欢的诗篇，亲自译成英文，推荐给世界的读者，堪称泰翁的"自选集"。吴岩先生在70岁退休后的15年反复研究推敲，把这10卷陆续译出并仔细修改，最后经资深编辑仔细校订，由译文出版社于1997年出版，名为《心笛神韵》。教育部推荐《泰戈尔诗选》时，吴岩先生从《心笛神韵》中精心挑选了泰戈尔最有代表性的名作300多篇，意在让青年学生认识到泰翁"自选集"的基本面貌，感受泰戈尔诗篇的独特魅力。

【创作背景】

泰戈尔生逢急剧变革的时代，深受到印度传统哲学思想和西方哲学思想的影响。但在他世界观中最基本、最核心的部分还是印度传统的泛神论思想，即"梵我合一"。在《缤纷集》中，他第一次提出"生命之神"的观念。他对神的虔诚是和对生活、国家与人民的热爱融合在一起的，这使他的诗歌也蒙上了浓厚的神秘主义色彩。另外，他提倡东方的精神文明，但又不抹杀西方的物质文明。这些都使他的思想中充满了矛盾而表现在创作上。纵观泰戈尔一生的思想和创作发展，可大体分为三个阶段：第一阶段，即幼年直至1910年前后，他积极参加反英政治活动，歌颂民族英雄、宣扬爱国主义、提倡印度民族大团结；第二阶段，即隐居生活直至1919年再次积极参加民族运动，其作品中爱国主义激情稍有消退，政治内容强的诗歌被带有神秘意味的诗歌所取代，也受了西方象征主义、唯美主义诗歌的影响，作品多宣扬爱与和谐；第三阶段，即从1919年阿姆利则惨案开始直至逝世，他又开始关心政治，积极投入民族解运动中，作品的内容又充满了政治激情，视野也开阔了，对世界和人类都十分关心。

【文学成就】

泰戈尔是向西方介绍印度文化和把西方文化介绍到印度的很有影响的人物。泰戈尔一生共创作了50多部诗集，12部中、长篇小说，100余篇短篇小说，20余种戏剧，还有大量有关文学、哲学、政治的论著和游记、书简等。此外，他还是位造诣颇深的音乐家与画家，曾创作了2000余首歌曲和1500余幅画。其中，歌曲《人民的意志》已被定为印度国歌。

在60余年的艺术生涯中，泰戈尔继承了古典和民间文学的优秀传统，吸收了欧洲浪漫主义与现实主义文学的丰富营养，在创作上达到炉火纯青的地步，取得了辉煌成就，成为一代文化巨人。1913年，"由于他那至为敏锐、清新与优美的诗；这诗出之以高超的技巧，并由他自己用英文表达出来，使他那充满诗意的思想业已为西方文学的一部分"，泰戈尔获得诺贝尔文学奖。他的诗歌作品中主体总是非常鲜明的现实，许多创作都是从印度地区的生活中取材的，反映出了当地百姓在殖民统治、封建主义的逼迫下艰难生活的悲惨命运，同时也讲述了人们在这种压迫下的思想觉醒和追求解放的强烈愿望。在技巧方面，他将民族的文学和西方的文化结合在一起，而且风格十分清新，旋律优美大气，又包含着深刻的哲学思想。

其诗风对中国现代文学产生了重大影响，启迪了徐志摩、冰心等一代文豪，冰心就是受其《飞鸟集》影响，写出了《繁星·春水》。

二十二、《假如给我三天光明》

【作者简介】

海伦·凯勒（1880 年—1968 年），美国著名女作家、教育家、慈善家、社会活动家。在她 19 个月时因患急性胃充血、脑充血而被夺去视力和听力。1968 年 6 月 1 日海伦逝世，享年 88 岁，却有 87 年生活在无光、无声的世界里。在此时间里，她先后完成了 14 本著作。其中最著名的有《假如给我三天光明》《我的人生故事》《石墙故事》等。她致力于助残公益事业，建立了许多慈善机构，1964 年荣获"总统自由勋章"，次年入选美国《时代周刊》评选的"二十世纪美国十大英雄偶像"。

【创作背景】

海伦出生时，本是一个健康的婴儿，却在 19 个月大时被突如其来的疾病夺去了视觉和听觉还有语言能力。突然变成聋盲人的海伦由于对外界的恐惧变得狂躁不安，脾气越发暴躁，直至遇到了改变她一生的家教老师——安妮·莎莉文。海伦在莎莉文老师的帮助下，凭借自己顽强的意志，最终顺利从哈佛大学毕业。

这本被誉为"世界文学史上无与伦比的杰作"的《假如给我三天光明》，就是这位美国著名聋盲女作家的代表作。该书以自传体散文的形式，真实记录了这位聋盲女性丰富、生动而伟大的一生。在书中，海伦·凯勒完整地描述了自己富有传奇色彩的一生，她以一个身残志坚、柔弱女子的视角，去告诫身体健全的人们应珍惜生命，珍惜造物主赐予的一切。

【内容梗概】

小说主要写了海伦变成聋盲人之后的生活。刚开始的海伦对于生活是失望的，用消极的思想去面对生活，情绪非常暴躁，常常发脾气，她感觉现实生活中没有了希望，她是多么期待能重新得到光明。在她父母的寻求下，海伦遇到了一位老师——安妮·莎莉文，这位老师成了海伦新生活的引导者，使海伦对生活重新有了希望。在莎莉文老师耐心的指导下，海伦学会了阅读，认识了许多的字，并感受到了身边无处不在的爱。随着时间的推移，海伦在老师和亲人的陪同下，体会到了许多"新鲜"事物，如和家人一起过圣诞节、拥抱海洋、"欣赏"四季等。海伦渐渐长大了，在她的求学生涯中，虽然遇到了许多的困难，但同时她也结识了许多的朋友。正由于她那种不屈不挠的精神，她慢慢地学会了说话、写作。虽然在这过程中，海伦也遇到了一些不开心的事情，但她并没有放弃。终于，她的努力得到了回报，用自己的汗水实现了大学梦想，进入了哈佛大学。因为生理上有缺陷，所以繁重的功课使她非常吃力，在老师的帮助和她的努力下，最终她以优异的成绩大学毕业，还掌握了英、法、德、拉丁和希腊五种文字。但大学毕业后她却遇到了悲伤的事——慈母的去世。书中还介绍了后来海伦在生活中遇到的一些伟人，如马克·吐温、爱迪生等。同时也介绍了她丰富多彩的生活以及她的慈善活动等。

【文学成就】

《假如给我三天光明》是美国当代著名作家海伦·凯勒的散文代表作。该书的前半部分主要写了海伦变成盲聋人后的生活，后半部分则介绍了海伦的求学生涯，同时也介绍了她体会不同的丰富多彩的生活以及她的慈善活动等。她以一个身残志坚的柔弱女子的视角，告诫身体健全的人们应珍惜生命、珍惜造物主赐予的一切。此外，本书中收录的《我的人生故事》是海伦·凯勒的自传作品，被誉为"世界文学史上无与伦比的杰作"。《假如给我三天光明》是伟大的经历和平凡的故事的完美结合，海伦的故事告诉我们任何困难都不可能锁住一颗向往伟大的心灵，海伦·凯勒被看成人类意志力的伟大偶像。

二十三、《钢铁是怎样炼成的》

【作者简介】

尼古拉·阿列克谢耶维奇·奥斯特洛夫斯基（1904年—1936年），是苏联著名的无产阶级作家、布尔什维克战士。1904年9月22日奥斯特洛夫斯基出生于工人家庭，因家境贫寒，11岁便开始当童工，15岁上战场，16岁在战斗中不幸身受重伤，22岁双目失明，身体瘫痪，1936年12月22日去世，年仅32岁。奥斯特洛夫斯基历时三载，克服难以想象的困难，创作了《钢铁是怎样炼成的》这部不朽的杰作，实现了重返战斗岗位的理想。

【创作背景】

1927年初，22岁的奥斯特洛夫斯基完全瘫痪，卧病在床，并且双目失明。正是在这一人生的艰难时刻，奥斯特洛夫斯基决意通过文学作品，来展现当时的时代面貌和个人的生活体验。奥斯特洛夫斯基在与病魔做斗争的同时，创作了一篇描写科托夫骑兵旅成长壮大以及英勇征战的中篇小说。两个月后小说写完了，他把小说封好让妻子寄给敖德萨科托夫骑兵旅的战友们，征求他们的意见，战友们热情地评价了这部小说，可万万没想到，手稿在回寄途中被邮局弄丢了。这意外的打击对他来说，实在是太残酷了，但这并没有挫败他的坚强意志，在参加斯维尔德洛夫共产主义函授大学学习的同时，他开始构思《钢铁是怎样炼成的》。这部书是他强忍病痛，在病榻上历时三年完成，故事就取材于他的亲身经历。

【内容概述】

保尔·柯察金出生于贫困的铁路工人家庭，早年丧父，全凭母亲替人洗衣做饭维持生计。12岁时，母亲把他送到车站食堂当杂役，在那儿他受尽了凌辱。他憎恨那些欺压穷人的店老板，厌恶那些花天酒地的有钱人。"十月革命"爆发后，帝国主义和反动派妄图扼杀新生的苏维埃政权。保尔的家乡乌克兰谢别托卡镇也经历了外国武装干涉和内战的岁月。红军解放了谢别托夫卡镇，但很快就撤走了，只留下老布尔什维克朱赫来在镇上做地下工作。他在保尔家住了几天，给保尔讲了关于革命、工人阶级和阶级斗争的许多道理，朱赫来是保尔走上革命道路的最初领导人。在一次钓鱼的时候，保尔结识了林务官的女儿冬妮娅。保尔参军后当过侦察兵，后来又当了骑兵。他在战场上是个敢于冲锋陷阵的士兵而且还是一名优秀的政治宣传员。他特别喜欢读《牛虻》《斯巴达克斯》等作品，经常给战友们朗读或讲故事。在一次激战中，他的头部受了重伤，但他用顽强的毅力战胜了死神。他的身体状况使他不能再回前线，于是他立即投入了恢复和建设国家的工作。他做团的工作、肃反工作，并忘我地投入到艰苦的体力劳动中去。特别是修建铁路的工作尤为艰苦：秋雨、泥泞、大雪、冻土，大家缺吃少穿，露天住宿，而且还有武装匪徒的袭扰和疾病的威胁。在这一段时间里，他和冬妮娅的爱情产生了危机，冬妮娅那庸俗的个人主义令他开始反感。等到在修筑铁路时又见到她的时候，她已和一个有钱的工程师结了婚。保尔在铁路工厂任团委书记时，与团委委员丽达在工作上经常接触，两个人逐渐产生了感情。但他又错把丽达的哥哥当成了她的恋人，因而失去了与她相爱的机会。在筑路工作要结束时，保尔得了伤寒并引发了肺炎，组织上不得不把保尔送回家乡去休养。半路上误传出保尔已经死去的消息，但保尔第四次战胜死亡回到了人间。病愈后，他又回到了工作岗位，并且入了党。由于种种伤病及忘我的工作和劳动，保尔的体质越来越坏，丧失了工作能力，党组织不得不解除他的工作，让他长期住院治疗。在海滨疗养时，他认识了达雅，两人很快相爱。保尔一边不断地帮助达雅进步，一边开始顽强地学习，增强写作的本领。1927 年，保尔已全身瘫痪，接着又双目失明，肆虐的病魔终于把这个充满战斗激情的战士束缚在床榻上了。保尔也曾一度产生过自杀的念头，但他很快从低谷中走了出来。这个全身瘫痪、双目失明并且没有丝毫写作经验的人，开始了他充满英雄主义的事业——文学创作。保尔忍受着肉体和精神上的巨大痛苦，先是用硬纸板做成框子写，后来是自己口述，请人代录。在母亲和妻子的帮助下，他用生命写成的小说终于出版。保尔拿起新的武器，开始了新的生活。

【文学成就】

　　《钢铁是怎样炼成的》是苏联社会主义文学中一部的名著，作品的主要成就是塑造了保尔·柯察金这一完美的艺术典型。作者在刻画这一人物形象时严格地遵循了生活的真实，并没有把保尔的坚强意志和刚强的性格看成是天生的，而认为是在英勇的战斗和艰苦的劳动中、在刻苦的学习和严格的律己中锻炼出来的。

　　生动而又富于生活气息的语言、震撼人心的精神力量和引人深思的人生哲理，使得该书备受广大读者青睐。保尔有着为理想而献身的精神和坚定不移的信念、钢铁般的意志以及顽强奋斗的高贵品质，这种光芒永远能给苍白的心灵带来光明和力量。

　　小说真实而深刻地描绘了十月革命前后乌克兰地区的广阔生活画卷，塑造了以保尔·柯察金为代表的一代英雄的光辉形象。通过揭示保尔为了党和人民的事业，敢于战胜任何艰难困苦的刚毅性格，形象地告诉青年一代，什么是共产主义理想，如何为共产主义理想去努力奋斗。革命战士应当有一个什么样的人生，这是小说的主题。保尔在凭吊女战友时所说的一段话激励了无数人："人最宝贵的东西是生命，生命属于人只有一次。人的一生应该是这样度过的：当他回首往事的时候，他不会因为虚度年华而悔恨，也不会因为碌碌无为而羞耻。这样，在临死的时候，他就能够说：'我的整个生命和全部精力，都已经献给世界上最壮丽的事业——为人类的解放而斗争。'"

二十四、《静静的顿河》

【作者简介】

米哈依尔·肖洛霍夫（1905年—1984年），是20世纪苏联文学的杰出代表，1965年的诺贝尔文学奖得主，苏联著名作家，曾获得列宁勋章和"社会主义劳动英雄"称号，曾担任苏共中央委员、苏联最高苏维埃代表、科学院院士、苏联作家协会理事。其主要作品有《静静的顿河》《新垦地》《一个人的遭遇》《考验》《钦差》《他们为祖国而战》等。

【创作背景】

有一个出身哥萨克的作家，他使得顿河赫然出现在文学的地图上，因为有了他才有了世界文学上辉映一代的顿河故事。苏联著名作家肖洛霍夫就是顿河故事的作者，他贡献于人类的最珍贵的东西就是他的作品，他在自己的作品里展示了自己的生活世界，他也在自己的作品里渗入了他的爱憎和希望。肖洛霍夫生活中那许多惊心动魄的事件和他的深刻感受，都在他的作品中都得到了有力的表现。他是在俄国革命的暴风雨中诞生的。1905年，肖洛霍夫来到这个世界，正是俄国的工人阶级第一次举行罢工起义的一年，在他以后的生活里，俄国以及整个世界都经历了翻天覆地的变化。他自己也身不由己地加入了这个历史进程，经过了国内战争、农业合作化运动、卫国战争这些重大的历史阶段，他遇见了很多的惊涛骇浪、艰难险阻；他体味过革命斗争胜利的欢乐，也对俄国人民和整个人类所经受的苦难忧心不已。肖洛霍夫出生在顿河地区，他一生的大部分时间都生活在这里。其一生是和哺育他成长的顿河分不开的；每当提起顿河的时候，自然要想起它的歌者肖洛霍夫，而在谈到作家肖洛霍夫的时候，我们的眼前也会浮现静静的顿河。《静静的顿河》是他创作中的一部史诗性的力作，从1925年开始，经过15年的艰辛笔耕终于完成了这部巨作。

【内容梗概】

哥萨克麦列霍夫家是一个自足和富裕的家庭。一家之主潘苔莱·普罗珂菲耶维奇已残年晚景，他有两儿一女：大儿子彼得罗已经娶亲，媳妇叫妲丽亚；小儿子葛利高里长得像父亲；爱女杜妮亚希珈是个大眼睛的姑娘。

葛利高里爱着邻居司契潘的妻子阿克西妮娅。阿克西妮娅 17 岁那年嫁给了司契潘，新婚第二天司契潘就凶狠地把她打了一顿，从此每夜都出去酗酒、搞女人，把阿克西妮娅关在仓房或内室，夫妻间没有爱情可言。因此，当葛利高里执着而又满怀希望地向她表达爱慕，顽固地追求她时，阿克西妮娅在理智上尽力抵抗，而在心理上又感到温暖和愉快。司契潘进了哥萨克军营，圣灵节那天，全村都开始割草，半夜里葛利高里与阿克西妮娅终于找到了亲近的机会。自那以后，阿克西妮娅完全换了个样子，她直言不讳地承认自己爱葛利高里。在军营里知道一切的司契潘回来狠命地揍阿克西妮娅，葛利高里跳过篱笆，和司契潘厮打。潘苔莱决定给葛利高里娶亲，新娘就是另一村庄的娜塔莉亚。

娜塔莉亚吃苦耐劳，可性格冷淡，对丈夫的爱意只会窘急地顺从，这就使葛利高里依恋起阿克西妮娅那种狂热的爱。于是葛利高里和阿克西妮娅的旧情又重新复苏，并选择了私奔。之后，阿克西妮娅生了一个女孩。娜塔莉亚在痛苦、耻辱和绝望中用镰刀自杀，但她没有死，只是脖子变歪了。1914 年 3 月，她回到公婆家里，受到全家的热情欢迎。潘苔莱希望儿子和媳妇言归于好，葛利高里却不予理睬。

之后，葛利高里参军入伍，第一次世界大战爆发，他所在的连队向前线开发。在战场上，他遇到一个奥地利兵，便用长矛刺进了他的身体，可杀人的行为却使他的脚步变得又乱又沉，内心感到异常痛苦。在争夺城市的一次战斗中，葛利高里受了伤，因为他带伤救了一个受伤的中校军官，获得了乔治十字勋章，这使得他的父亲非常自豪。

阿克西妮娅把对葛利高里的全部的爱都放在女儿身上。然而不久后，她的女儿患猩红热夭折了，她痛苦极了。这时，回家养伤的李斯特尼次基中尉乘虚而入，对她表示怜悯和亲热。被失望折磨着的阿克西妮娅顺从地委身于他。葛利高里出院归来，听说后狠狠地教训了他们，便离开庄园，回到了家乡。葛利高里受到家人的关心和村里人的尊敬，以一个出色的哥萨克的身份重新回到前线。后来他的妻子给他生了一对孪生子，娜塔莉亚把全部心思都放到了孩子身上。

世界的形势在急剧地变化。日俄战争引发了1905年的革命，这次革命又促成新的革命，还要爆发国内战争。1917年，葛利高里加入布尔什维克军队，不久因战功而被提升为少尉，十月革命后他又当了连长。他时而认为应该建立人民政权，时而又认为顿河哥萨克应自治。当白军政权来袭击苏维埃军队时，他受了伤，对一切都感到心灰意冷，他不想参与任何党派争斗，只有和平的劳动才让他感到温暖。

1918年初，顿河地区的形势逐渐有利于苏维埃政权。村里组织志愿兵，向赤卫队进攻。葛利高里也支持志愿兵的行动，他不明白自己为什么要杀红军，只隐隐约约觉得他们夺走了自己平静的生活，但由于他不赞成白军对红军家属的抢劫而被降了官。秋天，红军开始反攻，进驻鞑靼村。肃反委员会和军事法庭对在白军军队中服务过的人进行简单而不公平的审判和处决。葛利高里因为执行运输任务侥幸逃过死亡，他一回村就逃走了。他偶然遇到阿克西妮娅后，两人又重修旧好。

战争改变着麦列霍夫一家人的关系。女儿杜妮亚希珈因父母剥夺了她嫁给珂赛伏依的希望而痛恨父母，大媳妇妲丽亚因守寡而开始和公婆争吵，后来投水自杀。怀孕的娜塔莉亚意识到丈夫又和阿克西妮娅在一起了，也因伤心而去世。

顿河哥萨克的军队被红军打垮，葛利高里又加入了红军布琼尼的十四师，指挥着一个骑兵连。为了赎罪，他勇敢地作战，一直干到团长，但终因历史问题而被复员。1920年他回到家乡，本想利用已是他的妹夫的村委会主席珂赛伏依的关系，在村里过平静生活，但却被出卖。于是葛利高里连夜逃走。在走投无路的情况下，他加入了佛明匪帮。但在红军的打击下，佛明匪帮很快解散。葛利高里离开了军队，偷偷回到村里，带上阿克西妮娅逃走。逃亡途中，阿克西妮娅被征粮队哨兵打死，葛利高里万念俱灰，他失去了一切宝贵的东西。1922年春，他结束了漂泊的生活，回到家乡，把枪支弹药全都扔进河里，他看到了自己的儿子，这是生活残留给他的全部东西，是他和大地能够发生联系的唯一的东西。

【文学成就】

　　《静静的顿河》是俄罗斯文坛上一部不朽的巨著，小说构思于 1926 年，前后历时 14 年。《静静的顿河》展示了 1912 到 1922 年间，俄国顿河地区哥萨克人在第一次世界大战、二月革命和十月革命以及国内战争中的苦难历程。主人公葛利高里，是生长在顿河岸边的哥萨克人，他动摇于妻子娜塔莉娅与情人阿克西妮亚之间，徘徊于革命与反革命之间，他既是英雄，又是受难者，他有着哥萨克的勇敢、正直、不畏强暴的美好品质；同时，葛利高里身上又带有哥萨克的种种偏见和局限，在历史急变的关头，他徘徊于生活的十字路口。作者用悲剧手法，塑造了一个个性鲜明的男子汉形象，从葛利高里身上，读者能感觉到作者对人的尊重。

　　《静静的顿河》是一部描写具有重大历史意义的人民生活史诗。肖洛霍夫因《静静的顿河》作品获得 1965 年的诺贝尔文学奖，获奖原因是"由于他在描绘顿河的史诗式的作品中，以艺术家的力量和正直，表现了俄国人民生活中的具有历史意义的面貌"。

二十五、《老人与海》

【作者简介】

欧内斯特·米勒尔·海明威（1899年—1961年），美国著名作家、记者，被认为是20世纪最著名的小说家之一。海明威出生于美国伊利诺伊州芝加哥市郊区的奥克帕克，晚年在爱达荷州凯彻姆的家中自杀身亡。海明威一生中的感情错综复杂，先后结过四次婚，是美国"迷惘的一代"作家中的代表人物，其作品中对人生、世界、社会都表现出了迷茫和彷徨。

海明威一生之中曾多次获奖。他在第一次世界大战期间被授予银制勇敢勋章；1953年，他以《老人与海》一书获得普利策奖；1954年，《老人与海》又为海明威夺得诺贝尔文学奖；2001年，海明威的《太阳照样升起》与《永别了，武器》两部作品被美国现代图书馆列入"20世纪中的100部最佳英文小说"中。

海明威一向以文坛硬汉著称，他是美利坚民族的精神丰碑。海明威的作品标志着他独特创作风格的形成，在美国文学史乃至世界文学史上都占有重要地位。

【写作背景】

《老人与海》这本小说是根据真人真事写成的。第一次世界大战结束后，海明威移居古巴，认识了老渔民格雷戈里奥·富恩特斯。1930年，海明威乘的船在暴风雨中沉没，富恩特斯搭救了海明威。从此，海明威与富恩特斯结下了深厚的友谊，并经常一起出海捕鱼。

1936年，富恩特斯出海很远捕到了一条大鱼，但由于这条鱼太大，在海上拖了很长时间，结果在归程中被鲨鱼袭击，回来时只剩下了一副骨架。

1936年4月，海明威在《乡绅》杂志上发表了一篇散文，其中一段记叙了一位老人独自驾着小船出海捕鱼，捉到一条巨大的大马林鱼，但鱼的大部分被鲨鱼吃

掉的故事。当时这件事就给了海明威很深的触动，并觉察到它是很好的小说素材。1950 年圣诞节后不久，海明威产生了极强的创作欲，在古巴哈瓦那郊区的别墅"观景社"，他开始动笔写《老人与海》，到 1951 年 2 月就完成了初稿，前后仅用了八周。同年 4 月份海明威把手稿送给去古巴访问他的友人们传阅，博得了一致的赞美。海明威本人也认为这是他"这一辈子所能写得最好的一部作品"。

【内容梗概】

《老人与海》故事的背景是在 20 世纪中叶的古巴。主人公是一位名叫圣地亚哥的老渔夫，配角是一个叫马诺林的小孩。风烛残年的老渔夫一连八十四天都没有钓到一条鱼，但他仍不肯认输，而是充满着奋斗的精神，终于在第八十五天钓到一条身长十八尺、体重一千五百磅的大马林鱼。大鱼拖着船往海里走，老人依然死拉着不放，即使没有水，没有食物，没有武器，没有助手，左手抽筋，他也丝毫不灰心。经过两天两夜之后，他终于杀死大鱼，把它拴在船边。但许多鲨鱼立刻前来抢夺他的战利品。他一一地杀死它们，到最后只剩下一支折断的舵柄作为武器。结果，大鱼仍难逃被吃光的命运。最终，老人筋疲力尽地拖回一副鱼骨头。他回到家躺在床上，只好从梦中去寻回那往日美好的岁月，以忘却残酷的现实。

【文学成就】

《老人与海》是海明威最著名的中篇小说。它围绕一位年老渔夫——圣地亚哥，与一条巨大的大马林鱼在离岸很远的大海中搏斗而展开的故事。故事中的老人每取得一点胜利都付出了沉重的代价，最后遭到无可挽救的失败。但是，从另外一种意义上来说，他又是一个胜利者。因为，他不屈服于命运，无论在怎样艰苦卓绝的环境里，他都凭着自己的勇气、毅力和智慧进行了奋勇的抗争。大马林鱼虽然没有保住，但他却捍卫了"人的灵魂的尊严"，显示了"一个人的能耐可以到达什么程度"，是一个胜利的失败者，一个失败的英雄。这样一个"硬汉子"形象，正是典型的海明威式的小说人物。

海明威小说的主题是"人的本质，人的努力和奋斗，人的追求和痛苦，人的信仰和挣扎，人的倔强和价值，人的聪明和命运，人的胆略和气魄，人的尊严和灵魂"即使失败了，也要坦坦荡荡，不失重压下人的"优雅风度"。无论处在顺境还是逆境，自然或是社会中，人应该正视现实，接受一切并超越它，继续自己的人生之旅。纵然面对死亡，也要漠然处之，宁折勿弯，这是圣地亚哥所执着的人生要义，也是《老人与海》的哲理闪光点。海明威塑造的一系列"硬汉"形象的理论与思想基础是行动哲学。它主要以主体的行动为表达方式，用主体的行为和动作展示其丰富的内涵。他所揭示的是肉体和精神的永恒生命力来自于不断运动的驱动力，强调的是在深沉的行动中锻造有价值的灵魂，他用行动来显示自己的勇敢、冷静、果断、顽强和不畏任何强大力量的主体意识。他所遵循的真理是："命运总是与人作对，人不管如何努力拼搏，终不免失败。尽管如此，人还是要苦苦奋斗，并尽量保持自己的尊严，他在肉体上可以被打垮，但在精神上永远是个强者。"

《老人与海》中的老人圣地亚哥在海上经过三天精疲力竭的搏斗后，最终拖到海岸上的却是一副巨大的鱼骨架。但是，老人是一无所获的胜利者。在海明威看来，人生是一场打不赢的战争，就像老人那张"用好多面粉袋子补过的旧帆，看上去就像一面永远失败的旗帜"，但老人却始终没有停下行动的脚步。这是一种面对巨大悲哀的追求，是一种面对死亡和失败的追求，而这种追求同样是顽强的、执着的。由此，我们在圣地亚哥身上看到了人的尊严和巨大的精神力量，而且给读者带来了强烈的审美效应，使我们深刻地认识到人在有限的生命和无限的追求之间的矛盾。在人生的道路上，都会经受一些挫折和失败，此时是缴械投降呢，还是顽强拼搏？圣地亚哥给我们的启示是：积极的进取和行动，是必然失败面前的不屈不挠的行动，人生的价值和意义就在于行动本身。所以，海明威为他所钟爱的硬汉们找到了灵魂，这灵魂就是人类亘古不变的永恒价值——与命运作殊死抗争的悲壮与崇高。在圣地亚哥身上表现的是一种深沉而强烈的悲壮的生命悲剧意识，这完全是古希腊悲剧精神的现代回响。尽管海明威笔下的人物都是悲剧性的，但他们身上却有着尼采"超人"的品质，泰然自若地接受失败，沉着勇敢地面对死亡，这些"硬汉"体现了海明威的人生哲学和道德理想，即人类不向命运低头，永不服输的斗士精神和积极向上的乐观人生态度。海明威用象征性的寓言向我们昭示了跨越时空的人类永恒的自我求证意识。

　　《老人与海》是海明威晚年的完美之作，凭借这部作品，他荣获 1953 年的普利策奖和 1954 年的诺贝尔文学奖。同时该书也被评为影响历史的百部经典之一、美国历史上里程碑式的 32 本书之一；还是 1986 年法国《读书》杂志推荐的理想藏书，48 小时内卖出了 530 万本，销量排名第一。

　　《老人与海》这部小说是海明威最满意的作品之一，是海明威个人世界观和人生观的结晶，是 20 世纪欧洲文坛最具影响力的小说之一，对促进欧洲文学的发展有着长足的影响。《老人与海》体现了海明威的人生哲学和道德理想，永不服输的斗士精神和积极向上的乐观人生态度。

二十六、《哈利·波特》

【作者简介】

J·K·罗琳，1965 年 7 月 31 日出生于英国格温特郡，毕业于英国埃克塞特大学，英国作家。1989 年，24 岁的罗琳有了创作哈利·波特的念头。1997 年 6 月，推出哈利·波特系列第一本《哈利·波特与魔法石》。随后，罗琳又分别于 1998 年与 1999 年创作了《哈利·波特与密室》和《哈利·波特与阿兹卡班的囚徒》。2001 年，美国华纳兄弟电影公司决定将小说的第一部《哈利·波特与魔法石》搬上银幕。2003 年 6 月，她再创作出第五部作品《哈利·波特与凤凰社》。2004 年，罗琳荣登《福布斯》富人排行榜，她的身价达到 10 亿美元。2005 年 7 月，罗琳推出了第六部《哈利·波特与混血王子》，2007 年 7 月推出终结篇《哈利·波特与死亡圣器》。截至 2008 年，《哈利·波特》系列 7 本小说被翻译成 67 种文字在全球发行 4 亿册。2010 年，哈利·波特电影系列的完结篇《哈利·波特与死亡圣器》拍摄完成。

【创作背景】

1991 年，罗琳在从伦敦去曼彻斯特的火车上看到窗外一个戴着眼镜的小男巫朝她微笑并挥手时，萌生了进行魔幻题材写作的想法。她在七年后，把这个想法变成了现实。于是，《哈利·波特与魔法石》在 1997 年诞生了。作为单身母亲，罗琳的生活极其艰难。在开始写《哈利·波特与魔法石》时，曾因自家屋子又小又冷，经常到附近的咖啡馆把故事写在小纸条上。不过，她的努力并没有白费。《哈利·波特》系列历险小说凭着出奇的想象、层层迭出的悬念和利于儿童阅读的语言，几乎是一夜之间征服了世界各地的青少年读者。罗琳又先后创作了《哈利·波特与密室》《哈利·波特与阿兹卡班的囚徒》《哈利·波特与火焰杯》《哈利·波特与凤凰社》《哈

利·波特与混血王子》《哈利·波特与死亡圣器》。罗琳也因创作了《哈利·波特》系列小说和参与电影而名利双收。

【内容梗概】

《哈利·波特与魔法石》

从小被寄养在姨丈家里的哈利·波特，饱受姨丈一家人的歧视与欺侮，然而就在 11 岁生日那天，哈利得知了自己原本是巫师，并且被录取为霍格沃茨魔法学校中的一员。登上霍格沃茨特快列车，哈利开始了他的魔幻旅程，一切都那么新奇，在那里，他第一次有了自己的好朋友：罗恩和赫敏。许多魔法课程也正在等着他研习：有飞行课、黑魔法防御术、魔药学与变形魔法等。然而，魔药学的斯内普教授似乎总是对哈利不友善。哈利也无意间发现了魔法石的秘密。邪恶的阴谋在平静的霍格沃茨里悄悄地滋长，哈利、罗恩与赫敏决定一同去探个究竟，凭借他们的勇敢智慧，哈利最终阻止了邪恶阴谋的发生，保护了魔法石，同时哈利也第一次直面他的宿敌：伏地魔。

《哈利·波特与密室》

哈利·波特被困在了姨妈家里，幸亏罗恩及时前来搭救，使哈利在罗恩家愉快地度过了剩余的假期。小精灵多比劝诫并用一切手段阻止哈利回学校，被关在站台外的哈利和罗恩只能私自开飞车回到学校。

传说中的密室被斯莱特林的继承人打开，哈利却被所有人怀疑。哈利发现一本神秘的日记记录了汤姆·里德尔 50 年前的记忆，随之恐怖袭击事件在原本平静的校园内不断发生。之后罗恩的妹妹金妮被带到密室，墙上留下了密室的血字警告。霍格沃茨面临被迫关闭的危机。哈利终于找到密室入口，迎接他的将是可怕的挑战。最终金妮苏醒，伏地魔留下的神秘日记被销毁，哈利挽救了霍格沃茨。

《哈利·波特与阿兹卡班的囚徒》

哈利十分不情愿地在姨妈家里度暑假，得不到魔法界的一切消息，罗恩和赫敏的信便成了他的唯一安慰。玛姬姑妈前来探望哈利的姨夫，哈利因为受不了她对哈利父母的污蔑，把玛姬姑妈变成了一个胀大的气球。害怕受到惩罚的哈利逃进夜幕，于是开始了新的冒险。慌乱中哈利看到一条黑色的大狗，而在魔法界这是死亡的象征。在回学校的火车上，哈利见识到了传说中的摄魂怪，许多可怕的感觉包围着他。学校里哈利又看到了那条象征死亡的大狗，此时哈利也知道了他父母的死因，一切都归罪于小天狼星布莱克，哈利决定报仇。卢平教授传授哈利抵制摄魂怪的魔法，在活点地图的帮助下，哈利终于在尖叫棚屋里找到了小天狼星。小天狼星用魔杖直指罗恩的宠物斑斑，随着斑斑化成人形，小天狼星讲述了事情的真相，眼看小天狼星要恢复清白，斯内普破坏了这一切。小天狼星被捕了，哈利不忍自己的教父受摄魂怪的折磨，在校长邓布利多的指导下帮助小天狼星逃脱。

《哈利·波特与火焰杯》

暑假的一天夜里，哈利波特突然被噩梦惊醒，额上的伤痕开始刺痛。他做了一个怪异的梦，那梦使他担忧起来……不久在魁地奇世界杯上，恐怖的事发生了，消失了十三年的邪恶巫师的恐怖标记在空中出现……

霍格沃茨迎来了巫师界的盛世——"三强争霸赛"。邪恶巫师用魔法使不够年龄的哈利成为三强争霸赛的第四位选手。在好友赫敏、罗恩的帮助下，哈利顺利完成了三项任务，当哈利与他的同学塞德里克一起捧起高脚杯迎接胜利时，噩梦才刚刚开始，奖杯是一把门钥匙，把哈利带到了一座墓地。塞德里克被食死徒杀死，哈利的血液令藏在蛇身十三年的邪恶伏地魔复活了。

《哈利·波特与凤凰社》

漫长的暑假，哈利·波特被困在女贞路4号，意外地遭遇摄魂怪的袭击。他知道邓布利多与凤凰社的成员正在加紧秘密活动，以对抗日益强大的伏地魔。但是所

有的人都不愿向他透露更多的情况。哈利在茫然和愤怒中来到霍格沃茨，然而邓布利多不愿见他，海格不知去向。更糟糕的是，哈利越来越频繁地梦见一道长廊，每当他快要走进长廊尽头的门时，他都会头痛欲裂地从梦中惊醒，他觉得自己的身体里蠕动着一条大蛇。大蛇的影子在哈利的脑海里越来越清晰，伏地魔走近了哈利。这时，邓布利多告诉他一个天大的秘密……

《哈利·波特与混血王子》

新学期就要开始了，邓布利多教授却来到德思礼家找到哈利·波特，哈利六年级的学习似乎就这样出人意料地开始了。更出人意料的事还在接踵而至，哈利从教室的储藏柜里翻到一本魔药课本，它的前任主人是"混血王子"，从此哈利在神秘"王子"的帮助下成为"魔药奇才"。

邓布利多开始给哈利单独授课，在课上哈利经历了几段关于少年伏地魔的惊心动魄的记忆，揭开了伏地魔不同寻常的身世之谜。邓不利多带着哈利去寻找伏地魔的魂器，在遥远山脉的洞穴中，邓不利多喝下了不知名的毒药。

霍格沃茨上空出现了黑魔标记，邓不利多和哈利急忙赶回学校。在塔楼上，斯内普向邓不利多教授发出了索命咒，邓布利多仰面掉下塔楼，凤凰唱起最悲壮的挽歌。在葬礼结束后，哈利决定完成邓布利多的遗愿，去寻找剩下的魂器。

《哈利·波特与死亡圣器》

还有四天，哈利就要迎来自己十七岁的生日，成为一名真正的魔法师。然而，他不得不提前离开女贞路4号，永远离开这个他曾经生活过十六年的地方。

凤凰社的成员精心谋划了秘密转移哈利的计划，以防哈利遭到伏地魔及其追随者食死徒的袭击。然而，可怕的意外还是发生了……与此同时，卷土重来的伏地魔已经染指霍格沃茨魔法学校，占领了魔法部，控制了半个魔法界，形势急转直下。哈利在罗恩、赫敏的陪伴下，不得不逃亡在外，隐形遁迹。为了完成校长邓布利多的遗命，一直在暗中寻机销毁伏地魔魂器的哈利，意外地获悉如果他们能够拥有传说中的三件死亡圣器，伏地魔将必死无疑。但是，伏地魔也早已开始了寻找老魔杖的行动，并派出众多食死徒，布下天罗地网追捕哈利。哈利与伏地魔在魔法学校的禁林中相遇了，哈利倒在伏地魔先抢到手的一件致命的圣器之下。然而，伏地魔未能如愿以偿，死亡圣器不可能战胜纯正的灵魂。最终哈利赢得了这场殊死较量的最终胜利。

【作品成就】

《哈利·波特》是一部很成功的儿童文学著作，它很好地利用了儿童文学传统，也使其本身很有深度。儿童图书是否经典的标志在于其是否能对成年人有吸引力。《哈利·波特》系列小说显然具备这个特点。同所有的最佳儿童读物一样，《哈利·波特》为那些不失童心的成年人提供了无尽乐趣。最重要的一点是，《哈利·波特》让读者在一个不道德的时代看到了德行的力量。在罗琳女士为读者呈现情节丰富、内容紧凑的魔法故事的同时，《哈利·波特》系列小说也巧妙地继承了欧洲经典文学。这些继承主要体现在两大方面，即母题的运用和文化寓意的传承。母题也许是文学研究领域最复杂的一个概念，所谓"母题"指的是在文学作品中反复出现的人类基本行为、精神现象以及人类关于周边世界的概念，诸如生、死、离别、爱、时间、空间、季节、海洋、山脉、黑夜等。这些母题经常出现在欧洲文明的两大源头——希腊罗马神话传说和圣经。可以说，欧洲经典文学也是罗琳女士创作的源泉。

罗琳把现实社会中的种族主义观点、种族灭绝论等偏见加入了情节中。这些偏见正是伏地魔和食死徒的想法。书中偶尔也会出现一些巫师和不会魔法的人的交流。罗琳说她写的 7 本书，一本比一本多一些黑暗色彩，随着哈利的年龄增长，他的敌人伏地魔的能力也越来越强。这些都反映了罗琳女士对于现实社会的思考。从罗琳出版第 5 本小说之后，她开始在她的个人网站上面发表一些暗示未来情节的内容。随着系列小说情节的发展，罗琳的笔调也愈趋老练成熟，加之故事主角哈利·波特不断成长，无论从内容上还是风格上，整个系列一直在逐步发展中推进至高潮。小说中哈利与现实世界中的孩子们有一致的共性，这样的共性也是《哈利·波特》系列小说之所以能吸引全球万计读者的重要因素。

参考文献

[1] 张广明．中外名著导读（初中版）[M]．北京：线装书局，2010．

[2] 张一村，申晓辉．百部名著导读 [M]．武汉：华中科技大学出版社，2015．

[3] 叶君健等．课外文学名著导读 [M]．北京：人民文学出版社，2003．

[4] 钱理群．中国现当代文学名著导读 [M]．北京：北京大学出版社，2015．

[5] 蔡琳彬．中外名著导读（高中版）[M]．北京：团结出版社，2015．